完美溝通、圓融處事、妙用人脈
學會高投報的交際術，讓_____鋪路！

人脈堪比腦袋
荒廢就會 DIE

蔡賢隆，布德 編著

成功需要天時、地利、人人人……和！

都說在家靠父母，出外靠朋友「們」！

與人交際真的這麼重要？難道就不能當孤獨的風中一匹狼嗎？

身邊的人也許是危急時的救命稻草，或是距離成功所欠缺的那陣東風！

精準眼光看出眾多關係中的潛力股、舌燦蓮花的說話藝術……

領悟了投資報酬率最高的社交術，你就已經在成功的半路！

目錄

目錄 ━━━━━━━━━━━━━━━━━━━━━━━

第五章　做人優先於做事

第六章　上司欣賞，你步步高升

目錄

第九章　不可不知的人脈「潛規則」

第十章　如何經營自己的人脈

目錄 ————————————————————————

前言

關於一個人的成就大小，在美國白領中流行著這句話：「你是否能成功，不在於你的工作能力有多高，而是在於你的人脈資源是否豐富。」有一個遊戲：在紙上寫下你最親密的六個朋友的名字，把這六個人的財產對應列出，刪掉最多與最少的，取剩下四個的平均值，就是你自己的財產。雖然這只是一個遊戲，但其本質卻能彰顯人脈的重要性。

人脈彷彿是一條看不見的經脈，又彷彿是一張透明的蜘蛛網，人雖看不見卻能感覺得到它有著巨大能量。從某種意義上來說，這個世界一切與成功有關的「好東西」，都是幫人脈廣的人準備的。人脈高手們左右逢源、四通八達，對他們而言，沒有游不過的河，也沒有翻不過的山。自己解決不了的事，可以找親戚幫忙；親戚解決不了，可以找朋友；朋友幫不上忙，可以找上司；再不然，還可以找朋友的上司、親戚或鄰居來幫忙，以達到自己的目的。人脈像一條巨大章魚那變幻莫測的觸鬚，幽幽地發出它的信號，從容穿過那些七彎八轉的通道，獵取到自己的獵物。

如果你還沒有意識到人脈的重要性，那麼大家可以再探討一個問題：在你感到遺憾的往事中，有多少失敗了的事情只要有一個關鍵人物出手幫你，你就可以擺脫敗局？一定有很多吧？

前言

　　所以，一個人的成敗，在某種程度上是其人脈有力與否的折射。然而，一條有力的人脈，帶給你的絕對不僅僅是牽線搭橋或關鍵時刻的出手相助那麼簡單直接。事實上，你人脈中那些優秀者，能深深地影響著你，潛移默化地提升你的眼光、品味、能力等內在的東西。反之，與平庸者為伍，不久你就會慢慢地被同化。

　　投胎豪門，那是命；娶到富家女或釣到金龜婿，那是緣。這些都是人力所難以控制的。唯有經營出一條有力的人脈，才是大家所能掌握的。然而，令人遺憾的是，有不少人寧願花很多的工夫來鑽研專業知識，考證這個考證那個的，卻不願花一點時間在人脈的經營上。

　　一個人有多大能耐，並非僅僅指他自身的能力，而是指所能調動的所有人脈資源。如果在沒有錢時有人幫你出錢，不夠力時有人幫你出力，那麼你就是一個有錢、有力的人。

編者

第一章
人脈影響命運

從某種意義上來說，人脈相當於命脈。擁有什麼樣的人脈，就擁有什麼樣的命運。既然如此，想要改變自己的命運，就需要先從改善自己的人脈開始。

人脈就像命脈

美國著名的現實主義作家傑克‧倫敦（Jack London），幼時家境貧寒，在成長的過程中承受了長期的磨練。

在 14 歲時，傑克‧倫敦靠著辛苦累積的一點錢，買了一艘小船，並與一群賊做起不需本錢的買賣。不久，他被警察逮捕，進了監獄。在監獄中，他受到了非人的折磨，也聽到和看到了許多駭人聽聞的情景。

後來，傑克‧倫敦設法逃出了監獄，開始到處流浪，最後加入了淘金者的隊伍。

在淘金的生活中，傑克‧倫敦結識了大批的朋友。這些朋友來自三教九流，其中大多數是美國下層社會的勞苦群眾。雖然，下層社會的勞苦群眾生活相當艱難，但是傑克‧倫敦卻發現他們仍然充滿朝氣。

正是憑藉長期與下層社會的勞苦群眾共同生活的經歷，傑克‧倫敦積累了大量可貴的生活素材。在刻苦努力之下，傑克‧倫敦創作了一系列描寫淘金者生活的作品。這些作品真實感人，深受人們的歡迎，尤其受到下層社會勞苦群眾們的喜愛。

傑克‧倫敦漸漸地成為暢銷作家，並擁有了巨額的財富，同時也與昔日的朋友逐漸疏遠，而把時間和金錢用在和所謂的上流社會人士往來。由於沒有了昔日朋友提供的寫作素材，傑克‧倫敦創作的作品不再真實感人，逐漸鮮有讀者閱

讀，這使一度擁有巨額財富的傑克·倫敦再次陷入貧困之中。

最終，在失去朋友和陷入貧困的雙重危機下，傑克·倫敦用一顆子彈結束了自己的人生。

建立並鞏固自己的人際關係網絡，依靠身邊的朋友來實現自己的目標，這不是一件容易的事情。懂得拿捏分寸的人，不但能成就自己的事，還能使自己的人際關係更為完善。而那些不懂得拿捏分寸的人，若不是成就自己的事，卻讓人際關係惡化；要不就是既做不成事，又讓人際關係惡化。

著名的人際關係學大師安東尼·羅賓斯（Anthony Robbins）說過，「你的命運掌握在你的朋友手裡。」兩個人在同一家公司做事，論能力各有千秋，論經驗不相上下，但事實的發展情況往往是一個步步高升，而另一個卻原地踏步。這是因為，步步高升的人，在公司擁有良好的人際關係；而原地踏步的人，在公司的人際關係很糟糕。

當今社會，人們之間的社交日益頻繁。如果你能充分利用各種場合，把握每一次交往的機會，就會使自己的人脈資源越來越豐富。

有時，你的人生會因為一件很偶然的事情而得到改變。

美國好萊塢知名電影演員、奧斯卡最佳男主角得主道格拉斯，年輕時十分落魄。有一次，道格拉斯搭火車時，與旁邊的一位長輩閒聊。也正是這一次閒聊使他的人生發生了巨大的轉

折。幾天後，道格拉斯被邀請到製片場報到。原來，這位長輩是一位知名製作人。

雖然道格拉斯本人是具備身為演員的潛力的，但如果沒有與這位長輩結識，可能就錯過了成為一名演員的機會，也不會擁有自己非凡的成就。

有人說，一個人事業成功，80％來自於與他人的相處，而只有20％來自於個人的努力。這句話不無道理，因為人是社會性的，人的成功必然要建立在他所在的社會基礎之上。由此可見，與他人相處對於每個人來說都是非常重要的。

有人說：「一個好漢三個幫，一個籬笆三個椿。」也有人說：「一人成木，二人成林，三人成森林。」這兩句話的意思都是：如果想要事業成功，那麼就需要有成功的人脈網絡和人脈支援系統。

祖先創造「人」這個字，可以說是偉大的發明，是對人類最傑出的貢獻。一撇一捺很形象地說明了人與人只有相互支撐、相互依存、相互幫助，才能完整構成一個「人」。

不管是誰，都無法否認人脈的重要性。所謂的人脈就是人與人之間透過互相幫助而賴以生存，產生出特殊的情感與利益關係。人脈就像命脈，只有擁有了良好的人脈，你才能經營好自己的命脈；否則，就意味著你失去了命脈，也就很難在社會上立足。

貴人隱藏在人脈中

明朝萬曆年間，京城有一個叫石仁佑的人，經營一家高級玉器店。石仁佑平常喜好結交朋友，對朋友有求必應，看到朋友有難時都會主動伸出援助之手。上至達官顯貴，下至三教九流，石仁佑結交了不少朋友。

在石仁佑眾多的朋友中，有一個唱花旦的戲子，名叫楊宗英。

在封建社會，戲子的社會地位都很低下。石仁佑的夫人見他與戲子來往密切，怕影響了石仁佑的名聲，就勸他少與這類人來往。石仁佑向夫人解釋說：「楊宗英雖為戲子，但為人卻仗義豪爽。我與他往來沒有什麼不好的。」

天有不測風雲，人有旦夕禍福。數年後，石仁佑的玉器店發生了一件足以使他遭受滅頂之災的事情。

皇宮失竊的一件寶物在石仁佑的玉器店被官府搜出。其實，石仁佑的玉器店是從一個轉賣玉器的顧客那裡收購了這件寶物，收購時並不知道這是皇宮的寶物。但是，由於失竊案牽涉到皇宮，官府可顧不得這些，懲辦起來非常嚴厲，毫不徇情，將石仁佑以及相關人員一律捉拿歸案，同時查封了石仁佑的玉器店。

石仁佑被抓後，他的夫人想方設法營救他，向他平時關係密切的好友求助，想不到竟然沒有一個人伸出援助之手，各個都像縮頭烏龜，且連個安慰的話也沒有。

後來，石仁佑的夫人聽說楊宗英認識一些達官顯貴。在萬般無奈之下，石仁佑的夫人就抱著有病亂投醫的態度前去求楊宗英救石仁佑一命。

楊宗英非常熱情地接待了石仁佑的夫人，沒等她開口，就對她說：「夫人請放心，這件失竊案本與仁佑兄無關，小弟已經託人為仁佑兄申冤，仁佑兄過不了多久就會平安歸來的。」

身為戲子的楊宗英，既認識不少達官顯貴，也認識很多江湖義士。幾經周折，他從一個朋友那裡得知這件失竊案是一個慣於偷竊皇宮內院的盜賊所為。接下來，他又透過自己的朋友將盜賊的資料送給官府。

官府經過幾個月的搜尋，終於把盜賊緝拿歸案。石仁佑及相關人員全部無罪釋放，石仁佑的玉器店也重新開張。

在遇到危難時，地位顯赫的朋友閉門不見，而地位卑微的戲子卻全力相助。在顯露世態炎涼的同時，也告訴大家一個資訊：貴人不一定是我們身邊那些位高權重或家財萬貫的大人物，而可能就是我們身邊地位卑微或家徒四壁的小人物。

每個人都希望在自己的生命中能有幸得到貴人的幫助，且很多時候，每個人取得的進步也離不開貴人的幫助。當你詢問那些大人物成功的往事時，他們總能為你說出一連串貴人的名單。在

我們的一生中，貴人無處不在，他可能是你的親人，也可能是你的朋友，還可能是你的上司，甚至可能是一個萍水相逢的人。

一個暴雨傾盆的夜晚，一對老夫婦淋得像落湯雞，滿腳泥水地走進一家旅館的大廳，想要住宿一晚。

「非常抱歉，今天客人比較多，房間已經住滿了。」旅館的服務生很抱歉地說。

老夫婦一時之間不知如何是好，走也不是，不走也不是。

「外面下這麼大的雨，您們如果不嫌棄的話，可以到我的房間將就一晚。它雖然並不像旅館裡的套房那麼豪華，但還是可以當作休息的地方。」服務生誠懇地建議道。

「謝謝！可是，如果我們住了，你就沒地方休息，那怎麼辦啊？」老夫婦很感激服務生的好意，同時也不忘為他著想。

「沒關係的。我今天值夜班，不需要回房間休息。」服務生很得體地說。

老夫婦在得知不會對服務生帶來不便後，就接受了他的建議。

第二天，雨已經不再下了。老夫婦找接待他們的服務生結帳時，服務生卻說：「您們昨晚住的房間並不是旅館的客房，因此我不能收您們的錢。同時，希望您們昨晚睡得安穩。」

老先生臨走前，半開玩笑地稱讚這位服務生說：「你是每個旅館老闆夢寐以求的員工，或許我哪天可以幫你蓋棟旅館。」

一年後，服務生收到一封寄來的掛號信，信中講述了那個

暴雨傾盆的夜晚發生的事，還附了一張邀請函和一張去紐約的來回機票，邀請他到紐約一遊。

幾天後，服務生應邀來到紐約。老先生把他帶到一棟華麗的新大樓前，微笑著對他說：「這是我為你蓋的旅館，且希望你能來替我經營。」

服務生十分驚訝，不安地問：「您是不是有什麼條件？您為什麼選擇我呢？」

老先生親切地說：「我沒有任何條件。我說過，『你是每個旅館老闆夢寐以求的員工，或許我哪天可以幫你蓋棟旅館。』」

這旅館就是紐約最知名的華爾道夫酒店，是紐約極具尊榮地位的象徵，也是各國高層政要造訪紐約時多數下榻的首選之地。

服務生用自己的真誠改變了人生的命運。毋庸置疑，他遇到了自己生命中的「貴人」。人間充滿著許許多多的因緣，而且，每一個因緣都可能把你推向人生高峰，因此，不要疏忽任何一個可以助人的機會，學會對每個人都熱情相待，因為你生命中的貴人可能就是其中的某一位。

有些人總是抱怨自己遇不到貴人，所以活得艱難。其實，他們只是忽略了貴人的存在而已。當你需要做一件事時，幫你提出合理建議的人就是你的貴人；當你去外地出差時，接待和幫助你的當地朋友也是你的貴人。不是只有讓你生活改頭換面的人才算是你的貴人，只要對你有所幫助的人都可以說是你的貴人。總而言之，貴人就隱藏在你無限的人脈資源之中。

人脈感悟

不要抱怨自己的生命中缺少貴人。貴人就在你的身邊，常常與你擦肩而過，重點是你能不能找出罷了。

事業的成功離不開人脈

成功人士的特徵是什麼？就是有智慧的做人方式和強大的人際關係。如果一個人失去人際關係的支持，就算富可敵國，也依然免不了失敗的下場。

秦始皇開創中國封建帝國的紀元，在世界的帝王排名上，他名列第三。然而，他的豐功偉業只持續了 15 年，就被西漢所取代。

秦朝這麼短命，跟秦始皇的殘酷統治、不得人心有直接關係。歷史證明，凡是失去民心的政權，最終都免不了滅亡的命運，而秦朝的暴政更是歷史上罕見的。

在秦始皇統治時期，他處罰罪犯的刑法是非常嚴厲和殘忍的。哪怕犯了一點小罪，也可能被處以砍手、斬腳或挖去雙眼等酷刑。為了鞏固國家的統治，秦始皇還煞費苦心地進行了「焚書坑儒」，致使許多飽學之士被殺，各地戰亂頻起，社會處在一片腥風血雨之中。後來，項羽和劉邦在起義中贏得了民心，結束了秦朝的統治。

連皇帝這樣的人物在失去和諧人際關係的情況下都會滅亡，更何況是我們這些平凡人呢？因此，想要維持事業的發

展，想要在事業上不斷創造新的輝煌，我們就要努力維繫好人際關係。有了穩固的人際關係，一切成功便會水到渠成。

日本三洋電機貿易株式會社的前總裁龜山太一郎被同行譽為「情報人」。龜山太一郎對於情報的蒐集別有一番心得，最有趣的是他自創一格的「情報槽」理論。

龜山太一郎曾說：「一般匯集情報，有人和事物兩個來源。我主張多從人那裡獲得一些情報。如此一來，資料建檔之後隨時可以靈活運用，對方也隨時會有反應，就好像把活魚放進魚槽一樣。把情報養在情報槽裡，它才能隨時吸收到足夠的營養。」

龜山太一郎把人的情報比喻成魚，非常有趣。一位知名的評論家也曾說：「我對待每次訪問都像煮一條魚那樣。什麼樣的魚可以在什麼市場買到，應該怎麼烹調最好，我得先弄清楚。」

那麼，如何從他人那裡得到資訊呢？從事新聞採集編寫工作的人員都知道，在沒有新聞時，設法找個話題與人聊聊，就能捕捉到許多新聞線索。生意人也是這樣，當你沒有辦法隨時外出時，不妨利用電話來向朋友們請教。

日本前外相宮澤喜一有個著名的「電話智囊團」。宮澤喜一在碰到記者窮問不捨時，往往要求給他一個小時的考慮時間。如果提問發生在夜間，那麼只要宮澤喜一打完一通電話，你就可以得到滿意的答覆，而這些答覆就來自於他的 10 名智囊團成員。

　　在資訊社會，只靠一個人思考的時代已經過去了，建立品質優良的人脈關係網能夠為你提供多種資訊，而這些資訊往往會成為決定事業成敗的關鍵。

　　一個人事業的成功，主要在於他的人際關係。開創事業如此，經營事業也是如此。美國微軟公司前總裁比爾蓋茲曾說：「如果有人奪走了我的一切資金和技術，我也能在兩年的時間裡再建立一個『微軟帝國』。」

　　比爾蓋茲的這句話暗示什麼呢？暗示了支撐他軟體帝國的條件不是資金和技術，而是他的人脈關係網。有些人認為，比爾蓋茲的聰明智慧足以令他支撐起整個「微軟帝國」，其實不然。在開創微軟公司的時候，比爾蓋茲自己的聰明才智的確占據較大成分，但是，微軟公司成長之後，他的一切事物都是交給別人打理的。

　　比爾蓋茲用人的技術非常高明。他十分善於處理人際關係。他的核心員工都對他非常忠心，很少有人背叛他。正是憑藉牢固而有效的人脈關係網，比爾蓋茲成就了微軟公司的輝煌。

　　連電腦軟體這種專業度很強的行業都要靠人際關係去維繫，其他行業就更是如此了。人際關係就像一張大網，籠蓋著社會的各個層面。只有織好人際關係的大網，你的事業才能四通八達。

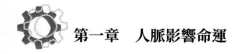

> **人脈感悟**
> 沒有人脈支撐的事業是不可能成功的。就算那些已經獲得成功的事業，如果離開了人脈的支撐，也會急速走向失敗。

人脈興盛使你越來越成功

透過朋友認識朋友，把關係建立到全球。不放棄每一次與人往來的機會，依靠人脈一步步走向成功。

與人來往為人們提供了這種可能，既能讓你結識他人，也能讓他人認識你。當彼此間的品行、才能及資訊得以了解的時候，人際交往就可能結出兩顆甜美的果實 —— 緊密彼此的友誼和獲得發展的機遇。與人交往是機遇的催產術，而用心開發人脈資源、捕捉機遇，成功的彼岸離我們就會更近。

事實一再證明，人們獲得機遇的多少與其交際能力的高低和交際網絡的大小幾乎是成正比的。因此，大家應把開展人脈活動與捕捉機遇連繫起來，充分發揮自己的交際能力，不斷擴大自己的人脈網，發現和抓住難得的發展機遇，進而擁抱成功。

想要讓自己的人脈旺盛，應該在與人交往中，先做到以下幾個方面：

· **了解自己**：一般人都容易有這種缺點，就是以為自己最了解自己。事實上，我們對自己的所知極為有限。想一下，

你是不是幾乎無法具體地描述自己的個性、能力、長處及短處？當自以為「這就是真正的自己」時，你通常只看到「有意識的自我」和「行動的自我」，而這些都只是自我的一部分而已。

我們很難完全了解自己，因而就需要拿自己與周圍的人比較，或者在與人的交往中逐漸看清楚別人眼中的自己。很多時候，我們必須在多次受到長輩的斥責和朋友的規勸後，才能恍然大悟，才能了解真實的自我。「以人為鏡，可以明得失。」除非有別人作為鏡子，否則你永遠不會知道自己到底是什麼樣的。

- **了解社會**：我們習慣於從日常生活中了解這個社會，可是從生活體驗中捕捉到的社會畢竟太狹窄了，就如同坐井觀天一樣，使我們難以做出準確的判斷。書報雜誌等傳播媒體雖然也可以幫助我們了解社會，但是它們所提供的也只不過是一張「地圖」。光靠這張地圖，我們當然掌握不到活生生的現實。

在年輕時，我們常常聽到父母師長的訓誡：「外面的社會是很現實的。」的確，外面的社會與我們理想中的世界太不一樣了。只有與人來往，你才有可能掌握真正的現實社會。

- **了解人生**：我們的一生中無時無刻不受他人的影響。這些人可能是我們的父母和親友，也可能是我們的上司和同

事。從他們身上，我們不僅可以看到自己，還能了解整個
社會，同時也因為他們的生活態度而逐漸意識到人生真諦。

> **人脈感悟**
> 人們獲得機遇的多少與其交際能力的高低和交際網絡的大小
> 幾乎是成正比的。人脈旺盛，你就可以獲得更多的機遇，從
> 而取得更多和更大的成功。

人脈帶來機遇

　　在一個小鎮上，有一家經營了很多年的雜貨店。子承父
業，多明尼卡接手了這家雜貨店。多明尼卡很有長遠發展的
眼光，並希望雜貨店在自己手中得到更大的發展。

　　某天晚上，多明尼卡為了第二天能夠順利外出度假，
就早早地收拾了店裡的貨物，清點帳款，打算早點關門。
突然，多明尼卡看見店門外有一個面黃肌瘦的年輕人在那
裡徘徊。年輕人衣衫襤褸、雙眼深陷，一看就知道是一個流
浪漢。

　　多明尼卡本是個熱心的人，看到年輕人可能需要什麼
幫助，就走了出去，問他：「年輕人，你有什麼需要幫忙的
嗎？」

　　年輕人略帶靦腆地問道：「這裡是多明尼卡雜貨店嗎？」

　　「對，就是這裡。」多明尼卡明確地說。

　　得到多明尼卡肯定的答覆後，年輕人低著頭，小聲地說：「我是從墨西哥來找工作的，可是整整兩個月過去了，卻仍然沒有找到一份合適的工作。我父親年輕時也來過這裡。他告訴我他在你的店裡買過東西。你看，就是這頂帽子。」

　　多明尼卡看見年輕人的頭上果然戴著一頂十分破舊的帽子，帽子上依稀殘留著店鋪裡特有的標記。

　　年輕人見多明尼卡端詳了自己半天，就鼓起勇氣說：「我現在沒有錢回家了，也好久沒有吃過一頓飽飯了。我想……」。

　　多明尼卡知道年輕人是多年前一個顧客的兒子，暫時遇到了一些困難。多明尼卡覺得自己應該幫助年輕人。於是，多明尼卡請年輕人飽餐一頓，還給了他一筆旅費，幫助他回家。

　　對於這件事，多明尼卡並沒有放在心上。轉眼十幾年過去了，多明尼卡的雜貨店生意越來越好，並在國內建立了多家連鎖店。多明尼卡有意在國外謀求發展，可是苦於在國外沒有任何根基。

　　這時，多明尼卡突然收到一位陌生人從墨西哥寄來的一封信，寄信人正是多年前自己曾經幫助過的年輕人。年輕人現在已經成了墨西哥一家大公司的總經理，在信中邀請多明尼卡來墨西哥發展，與他共創事業。

　　這對於多明尼卡來說，無異於雪中送炭。在當年那位年輕人的幫助下，多明尼卡很快在墨西哥建立了連鎖店，而且經營發展得異常迅速。

# 第一章　人脈影響命運

　　掌握了人脈就等於擁有了許多機遇，因為人脈往往會讓我們遇到生活中的貴人，而這些貴人就會為我們創造許多的機遇。

　　如果你希望自己在成功之路上快馬加鞭，就必須擁有良好的人脈。實際上，所謂的「走運」多半是由暢通的人脈帶來的。一個能認同你的作法、想法及才華的人，一定會在將來的某一天為你帶來好運。

　　究竟誰會對你伸出援助之手，什麼地方會有這種人呢？這個問題沒有人能回答。但是，你要相信：任何人都有可能成為對你伸出援手的貴人，可能是你工作上的夥伴或上司，也可能是學校裡的同學，甚至可能是一位從不認識的陌生人。一般來說，人脈的範圍越廣，開創成功未來的機率越大。

　　社會日益發展，人脈的重要性越來越突顯出來。要做好一件事，不一定要靠一個人花 100%的力量，也可以靠 100 個人花個人 1%的力量。也許你對此不以為然，認為只有從事保險、行銷、演藝和新聞等行業的人員才需要重視人脈關係。可實際上，只要生活在這個社會中，無論在什麼領域，人脈的影響都是隨處可見的。

　　有人說：「一個人 70%的機遇來自於人脈。」人脈能夠為你創造機遇。不善於經營人脈的人無法有效地掌握迎面走來的機遇，而常常與機遇失之交臂。

　　機遇對每個人來說都很重要。好的機遇，可以改變一個人

的命運，能使一個人在一夜之間產生脫胎換骨的改變。可能有人會說：「是金子總會發光。」但是，你還會隨處可見空有大志卻鬱鬱不得志的人。在某富豪榜中，數十位成功人士最看中的成功要素裡，機遇排第二名。可以說，機遇就是人脈的潛臺詞，因為人脈關係的優劣，直接會影響到機遇的多寡。

現實社會中，很多人常以自己沒錢、沒時間等理由拒絕參加任何社會活動，這對於自己人脈的提升是很不明智的作法。唯有接近人群，打開人脈通道，才是創造財富和尋找人生機遇的最佳捷徑。

雖然每個人的人脈不盡相同，但是結交下面幾種人會帶給你更多機遇。

- **房地產仲介商**：買房是臺灣人不解的情結。有人粗略統計，大部分的人一生中有 80% 的時間是在房間裡度過的。找一位房地產仲介商當作你人際關係網中主要的一員，是非常重要的。房地產仲介商，除了可以幫你找到適宜的家居環境，還可以幫你處理貸款事宜，讓你避免遭受到無謂的損失和麻煩。
- **獵頭**：除非需要一份工作，大部分的人不會和獵頭來往。其實，這是不適當的作法。即使現在工作非常穩定，你也不妨與他們建立良好的關係。在口渴之前先掘井，永遠是不會錯的。

- **醫生**：隨著生活水準的提高，人們對長壽的欲望越來越強。因此，人們對身體的健康越來越關注。如果你認識醫生，那麼他就會為你的健康提出許多好建議；而且，在你身體出問題時，他會使你在最短的時間內，獲得最合適的醫療服務。
- **銀行主管人員**：銀行在人一生中的作用會越來越重要。你的投資理財離不開銀行作為支撐。當資金運作出現問題時，你可以透過銀行主管人員獲得幫助。

> **人脈感悟**
>
> 善於經營人脈的人獲得的機遇較多；不善於經營人脈的人獲得的機遇較少，而且即使機遇來臨，也不一定能及時把握。

人脈是一種無形的財富

　　李曄的生意已做到國外，有超過千萬的固定資產，然而十幾年前，他還只是一個來自鄉下的窮小子，那麼他憑什麼贏得這麼多的財富？套用他自己的話來說：「我能有今天，靠的都是朋友的幫助。」的確，是人脈造就了他這個千萬富翁。

　　李曄非常善於積累人脈。為了隨時認識更多朋友，他隨身都帶著自己的名片。他說：「哪天要是出去沒有帶名片，我會渾身不自在，就像自己沒有帶錢出去一樣。」

　　大學畢業後，李曄被朋友推薦去一家珠寶公司擔任總經理，負責在上海籌建業務。在工作期間，他認識了第一批上

海朋友，其中有很多都是在上海的香港人。在這些香港朋友的介紹下，他加入了上海香港商會，又透過推薦當上了香港商會的副會長。利用這個平臺，他認識了更多在上海工作的香港成功人士。

後來，李曄在朋友的推薦下開始投資房地產。當時上海的房地產已經開始火熱，有時候即使排隊都買不到房。但在朋友的幫助下，李曄很容易買到房子，而且還是有打折的。幾年後，在朋友的建議下，李曄又陸續把手上房產變現，收益頗豐。

據李曄說法，他目前的資產已經超過八位數，朋友則有兩三千位。他說，自己的事業得到朋友的幫助，才會這麼順利。「包括開公司，介紹推薦客戶和業務等等，各種朋友都會照顧我，有什麼生意會馬上想到我。」

羅斯福曾說：「成功的第一要素是懂得如何搞好人際關係。」的確如此，在美國，有人向 2,000 多名雇主做一問卷調查：「請查閱貴公司最近解僱的三名員工的資料，然後回答解僱他們的理由是什麼？」結果，無論什麼地區、什麼行業的雇主，大都答覆說：他們是因為不會與別人相處而被解僱的。

很多成功的商界人士都已深深意識到人脈資源對自己事業成功的重要性。美國某大鐵路公司總裁史密斯說過，「鐵路的95％是人，5％才是鋼鐵。」美國鋼鐵大王及成功學大師卡內基也說：「專業知識對一個人成功的作用只占15％，而其餘的85％則取決於他的人際關係。」由此可見，無論從事什麼職業，

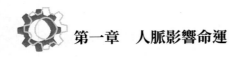

只要學會處理人際關係，你的成功就只是時間問題了。

　　想要成功，就要營造一個適於成功的人際關係。我們與同事、上司或者員工的關係是我們事業成敗的重要因素。一個沒有良好人際關係的人，即使再有知識和技能，也很難得到施展的空間。

　　開創事業時，需要具備人、技術及資金三大因素。資金可以從銀行借到，不用擔心；技術呢？有人以販賣技術維生，當然也能夠買得到；開創事業最重要的要素，且經常是成功與否的關鍵，便是人。如果有足夠豐富的人脈資源，那麼資金和技術問題往往就迎刃而解了。因此，「人」才是開創事業成功與否的關鍵。

　　哪怕只是一位普通的職員，你一定經常也會有「如果我有夠多的人脈關係，一定可以更加順利地完成工作」，「如果和哪位關鍵人物能有所牽連，做起事來可以方便很多」之類的感觸。

　　每個人都希望某個有影響力的關鍵人物能夠助自己一臂之力，使自己在事業的發展上少遇些障礙。只要和那些關鍵人物有所連繫，當有事情去拜託他們或請教他們時，你總是能夠得到很好的回應。這種與關鍵人物取得連繫的有利條件，就是「人脈力量」。人脈資源越寬廣，做起事來就越方便。由此可見，擁有豐富有效的人脈資源是到達成功彼岸的不二法門，是一筆看不見的無形財富。

　　如果說專業是利刃，那麼人脈就是祕密武器，是一種潛在

的財富。從表面上看，人脈只是間接的財富，可是沒有它，你就很難聚斂直接的財富。

很多人以為，只有保險、業務及記者等職業，才需要重視人脈，因為人脈是他們吃飯的工具，也是他們最大的資產。事實上，無論在哪個領域工作，20 至 30 歲，你可以靠專業賺錢；30 歲以後，你基本上都要靠人脈賺錢了。

你在公司工作最大的收穫，不只是你賺了多少，積累了多少經驗，更重要的是你認識了多少人，結識了多少朋友，累積了多少人脈資源。這種人脈資源不僅對你在公司工作時有用，即使在你離開後，也還會發生一定的作用。

你一定不會對下面的場景感到陌生。

閒聊時，一個人抱怨說：「我想買一臺電腦，可是對電腦又不太懂。市面上電腦種類那麼多，我真不知選哪款適合。」

另一個人接著他的話說：「剛好，我有一個朋友在賣電腦。他對電腦很熟悉，或許可以給你一些建議。要不要我介紹你認識一下？」

抱怨的人說：「那真是太好了！這樣，我就不用擔心買到不適合的電腦了。」

仔細想想，你不難發現自己的朋友有些是同學或同事，有些則是直接透過朋友的介紹而變成朋友的。如此一來，認識的人越來越多，人脈資源就越來越豐富，遇到問題能夠尋求的幫助也就越來越多。

第一章　人脈影響命運

　　在職場，人脈資源更為重要。如果想獲得事業的成功，那麼你就應該儘早建立自己的人脈關係網。雖然，是金子就會發光，但那也需要有人能看見。現實中不乏這樣的人：胸懷大志、才華滿腹，既有學歷，又有超人的工作能力，卻始終鬱鬱不得志，甚至是別人眼中的失敗者，而被當作負面教材。

　　募捐的人常說：「有錢的出錢，有力的出力。」這說明人就是資源。在開始準備開辦自己的公司時，你可能沒有錢、沒有設備，甚至沒有技術。其實，這些都不是最重要的，只要你擁有掌握這些資源的人脈，什麼問題都可以輕易解決。

> **人脈感悟**
>
> 雖然人脈不像鈔票那樣，可以直觀地感受到，但是人脈仍然是你的一種財富，一種無形的財富。

第二章
變通造就通達人脈

世間很多事情並非是涇渭分明、非此即彼的,做人也要相應地懂得變通。只有變通做人,才有更多的人理解你、支持你、幫助你。

別不知變通，幫你的人才會多

　　話說孔子帶眾弟子東遊，走累了，肚子又餓，終於到了一個酒家門口。於是，孔子吩咐一個弟子前去向老闆要點吃的。

　　這個弟子很聽話，二話不說，徑直走到酒家跟老闆說：「我是孔子的學生，我們和老師走累了，懇請您給點吃的吧！」

　　老闆回答：「既然你是孔子的弟子，我不妨考考你，我寫一個字，如果你知道的話，隨便吃。」於是，老闆寫了個「真」字。

　　這個弟子想都沒想就說：「這個字太簡單了，『真』字誰不認得啊，這是『真』字。」

　　不料，老闆聽後大笑道：「連這個字都不知道還敢冒充孔子的學生。」然後，老闆吩咐夥計把這個「冒牌貨」趕出酒家。

　　孔子看到弟子兩手空空、垂頭喪氣地回來，問後得知原委。

　　於是，孔子親自上前，對老闆說：「我是孔子，走累了，想要點吃的。」

　　老闆也要考考他，於是又寫了個「真」字。

　　孔子看了看，說：「這個字念『直八』。」

　　老闆大笑：「果然是孔子，你們隨便吃！」

　　弟子納悶極了，問孔子：「這明明是『真』啊，為什麼

念『直八』呢？」

　　孔子說：「這是個認不得『真』的時代，你非要認『真』，豈能不碰壁？處世之道，你還得好好體會呀！」

　　古今中外，凡能成大事的人都具有一種優秀的特質，就是能容人所不能容，忍人所不能忍，善於求大同存小異，團結大多數人。他們有胸懷、有魄力，豁達而不拘小節，做事從大處著眼。他們從不斤斤計較、糾結於非原則的瑣事，這使他們能夠空出更多的時間和精力，全力以赴地去做他們認為該做的事。因此，他們能成大事、立大業，使自己成為不平凡的人。

　　古語有云：「水至清則無魚，人至察則無徒。」一個人寬宏大量，人們才會樂於與他交往，他的朋友才會越來越多，社交的成功會伴隨著事業的成功。人生如此短暫和寶貴，要做的事情太多，沒有必要為那些雞毛蒜皮的事情浪費時間。

　　北宋時，郭進任山西巡檢，有個軍校進京控告他。宋太祖召見了那個軍校，審訊一番，卻發現軍校在誣告郭進，就把他押送回山西，並交給郭進處置。

　　很多人勸郭進殺了那個軍校，郭進卻沒有那麼做。當時，正值敵國入侵，郭進就對誣告自己的軍校說：「你敢進京面見聖上來誣告我，說明你確實有點膽量。現在我既往不咎，赦免你的罪過。同時，如果你能奮勇殺敵的話，那麼我還會向聖上保舉你。」

第二章　變通造就通達人脈

那個誣告郭進的軍校深受感動，果然在戰鬥中奮不顧身、英勇殺敵。戰爭結束後，郭進將軍校的戰績毫無隱瞞地匯報上去，並向朝廷舉薦了那個軍校。

靜下心來仔細想想，正所謂「人非聖賢，孰能無過？」與人相處就要互相諒解、彼此忍耐，常以「難得糊塗」自勉，求大同存小異，有度量、能容人。只有這樣，你才能左右逢源，諸事順遂，並且有許多朋友圍在自己身邊。

然而，太過執著認真的人就是不能明白這個道理，他們斤斤計較、過分挑剔，無法容忍別人一絲一毫的錯誤。長此以往，周圍的人都躲得遠遠的，自己也成為讓人避之唯恐不及的異類。

人脈感悟

做人不能太執著認真，要懂得變通。社會上確實有許多不良現象需要改進，但那也不是一個人或一朝一夕就能改變的。我們不妨變通一下思維，先用婉轉的方法去逐步改變現實，才能多做出些成績和貢獻。

知道也不妨裝糊塗

古代有個國王很愛漂亮，但他卻身有兩處殘疾，缺一目及跛一腳。有一次，他心血來潮，請畫師幫自己畫像。

第一位畫師是個老實人，他規規矩矩地畫出國王本來的面目 —— 又瞎又瘸。國王看後不禁怒火中燒，呵斥道：「這個可惡的畫師竟敢把我畫得如此醜陋，真是該死。」於是，這位本分的畫師被殺了。

國王不甘心，又找了一個畫師來畫像，這個畫師知道前面那個同行的悲慘結局，再也不敢如實描繪國王的缺陷了。他在畫布上畫了一個雙眼明亮、兩腿矯健的國王，心想這下國王應該滿意了吧，結果國王再一次大發雷霆：「這難道像我嗎？」這個畫師也沒逃過被殺的命運。

這下，國王的畫師們誰都不敢再幫國王畫像了，沒想到有個小畫工自告奮勇地說自己能畫好，大家都替他捏把冷汗。最後，國王的肖像終於完成了。這次國王看著肖像笑了，誇小畫工真是個聰明的人。

小畫工是怎麼畫的呢？他既沒有像第一個畫師那樣把國王的缺陷完全表現在畫布上，也沒有像第二個畫師那樣不顧實際妄畫。他畫的國王是這樣的：側身騎在馬上，殘疾的那條腿隱藏在馬鞍後面，雙手舉著獵槍，眯著一隻眼瞄準，而這隻眼正是那隻瞎眼。畫面上是一個英姿煥發騎馬打獵的國王，看不出任何缺陷，但誰也不能說他像第二位畫師那樣改變了國王的本來面目。

明明知道的事情卻故意裝不知道，就是心裡明白而表面糊塗。人人都有身處險境的時候，明知故問常常是明哲保身或達到目的的重要變通方法。

　　置身於不確定的情境，往往讓人焦慮、猶豫，不知如何是好，尤其是遇到涉及自身利益的事，更是令人坐立難安。可是，偏偏人生的歷程中，又會碰到許多不確定的情境。

　　每個人都有缺陷，為了他人的顏面，我們有時需要「糊塗」一點。這種對他人缺點的「糊塗」，實際上是一種難得的糊塗。因此，有時候「糊塗」是日常生活中不可缺少的一個音符，也是處世棋盤上的馬和炮，是時時刻刻都用得上的常規武器。

　　這裡所說的「糊塗」，不是指做事不負責或待人不誠懇，只表面應付、敷衍了事；而是指在待人接物時，裝裝糊塗，講點藝術。

　　精心準備了一頓豐盛的家宴，要招待幾位久別重逢的好友。然而，敲門進屋的卻是關係普通的不速之客，當然你不可能熱情地拉他進屋，但又不能失禮，唯一的辦法是適度地顯露出「尷尬」的樣子，把他「應付」走。如果你不善於敷衍，那麼登門者貿然坐下，你就會感到很彆扭，還可能因此而傷害了好友，出現不愉快的場面。相反，來者若覺察到你的「尷尬」，識相地走了，也不太可能抱怨和指責你。

　　我們遇到被人敷衍應付，大可不必憤憤不平，橫眉怒目，因為應付與被應付都是正常的生活現象。這種敷衍應付，不僅

是難免的，還是必須的。比如，你在上班的路上遇到一位認識的「聊天大王」，礙於情面，不得不打招呼，但又怕被「黏」住，就不妨一邊走，一邊敷衍他，否則會影響自己的正常上班。

當然，我們在日常工作生活裡，不該糊塗時，就萬萬糊塗不得。如果你是醫生，就絕不能對患者糊塗；如果你是老師，就絕不能對學生糊塗。

了解人裝糊塗確實不容易，而什麼時候裝糊塗？裝到什麼程度？這個分寸需要掌控好。

> **人脈感悟**
>
> 只要出發點是好的，在人際關係的問題上，裝裝糊塗是無可厚非的，對上司、對同事、對朋友、對下屬，甚至對親人，在必要時都可以裝裝糊塗。

適當示弱避開衝突

張彬是醫療器材的推銷員，每天在各大醫院推銷他的器材設備。有一次，他們公司引進了一批品質非常好的心電圖機。張彬覺得這個產品有很大的市場潛力，就一口氣進了很多貨，準備把它們賣出去。

可是當張彬把這些心電圖機帶到各大醫院時，醫院的醫生和上司並不買帳。儘管他把儀器的原理和優勢等都講得非常清楚，還是沒有一家醫院購買他的儀器。這讓他非常著急。

後來，張彬又認識了一家醫院的心臟科主任，他覺得這是一次好機會，一定要讓這個人買他的機器。這次張彬不像以前那樣直接灌輸很多機器的資訊，而是把機器帶過去，對主任說：「這個機器剛投放於市場中，有很多地方還不夠完美，您給我們提供點意見吧！我們公司會做出相應改進的。」

　　主任仔細研究了儀器後，說：「比起以前的心電圖機，它已經進步不少了，但這個儀器結構上不如以前的結實。我們現在的心電圖機已經用 3 年了，從來沒有壞過。況且你們的儀器價格太高了，比本來的多出一倍的價錢，恐怕醫院不會花這麼多的錢引進這臺機器。」

　　張彬聽了主任的話，連忙道謝說：「感謝您提供的寶貴意見。我會把您的話回饋給公司，相信我們一定會做出相應的改進，請您放心。」

　　後來，張彬和公司決定加上一條為心電圖機做 5 年免費維修的決定，還把價格降低 1/3。透過這樣的措施，張彬成功地賣出了第一臺儀器。憑藉同樣的作法，他在各大醫院很快就把剩餘的儀器也賣完了。

在與人來往的過程中，有些人會對比自己優秀的人心懷嫉妒，甚至會找碴打擊，而對比自己弱勢的人則不會設防，甚至是抱著同情心對待。利用社交中普遍存在的這種心理，大家在與人交往的時候，就不妨多讓自己表現得弱勢些，以避免不必要的衝突。

古往今來，那些社交能力強、能做大事的人，都很善於向別人展示自己柔弱的一面，因而得以避免很多麻煩。

在現實生活中，大家常用不甘示弱來形容一個勇敢的人，但時時刻刻不示弱的人能得一時之利，卻難成為最終的成功者。倒是有些人，凡事不逞強、不居前，忍讓帶來平和心境，寬容使之處之泰然。這種人雖然「跑」得不快，但卻能堅持到終點。

很多時候，人們都習慣充當強者，或者說是假裝堅強，感覺帶著堅強的心態前進，做人做事便有足夠的自信。所以，面對學業的壓力、就業的殘酷以及其它的困境，以前是「男兒有淚不輕彈」，現在是「男女有淚不輕彈」。不管心裡有多苦多累，臉上永遠是燦爛的笑容；不管腳步多沉重，人前卻依然要表現得若無其事。

殊不知，壓抑情感對於劇烈的心理落差只能支撐一時，長此以往，總有崩潰的一天。畢竟，一個人的心理承受能力是有限的。

學會示弱，並不是要求一個人用軟弱的態度面對生活，而是要改變一貫的強者姿態，試著去接受別人的關愛與幫助；放低一貫高昂的頭，試著去讚美別人的成功，承認自己的脆弱。強者的生活可能多的是鮮花和掌聲，但背後卻充滿孤獨；而弱者的生活可能盡是平淡和簡單，但卻充滿溫暖和陽光。

學會示弱，並不意味著與強者無緣。恰恰相反，正是因為能夠示弱，身邊會有無數雙帶著暖意的眼睛關注、支持你，你前進的步伐才會更加輕鬆，更加有力。

有時候，人就得示弱，以避其鋒芒，養精蓄銳、蓄勢待發。其實這與「韜光養晦」的道理是一樣的。向人示威人人都會，向人示弱卻是少數人才能做到，因為這更需要智慧和勇氣。

一個人好強、愛面子，是一種個性，也是很多人不斷進取的動力。可是，一個人如果時時刻刻不肯示弱，那就很難成為最終的成功者。

適當示弱，可以帶給你以下各方面的好處：

- **平衡人際關係**：在現實生活中，處理好人際關係，也需要這種展示胸襟、放低姿態的方式與謀略。

- **趨利避害**：每個人都有欠缺或不足的地方，如果能對自己的缺欠與不足有清楚的認知，而且會適時示弱，就可以讓自己擺脫被動。很多新手駕駛剛上路時，會在自己的車後貼一張「新手」的貼紙。有了這樣公開的示弱，即使他的駕駛技術「爛」一點，處理情況不太妥當，也能得到其他老手駕駛的諒解。

- **化解矛盾與衝突**：在路上，常能看到有人因被別人無意踩到腳、弄髒了衣服或與他人買賣不成而吵架。其實，如果有一方能理智地忍讓，衝突也就能夠化解了。

人脈感悟

在與人交際中，示弱是避免衝突、保全自己的最佳方法。如果你總是以強硬的態度去對待別人，換來的有可能是更多地排擠、打擊，因而使自己的人際關係更糟糕。

看輕一時的榮辱

鄧天鴻是個從小失去雙腿的孩子，因為他小時候生了一場重病，醫生不得不截掉他的雙腿以保存生命。於是，在剛剛懂事的時候，鄧天鴻便拄著拐杖行動。儘管小天鴻身體有殘疾，但是爸爸媽媽對他像對其他兄弟姐妹一樣疼愛。他是家裡的長子，弟弟妹妹也沒有因為哥哥的殘障而欺負他。

然而，事情到了鄧天鴻上學時發生了轉變。他從小沒有體會過被人歧視和欺負的滋味，但是在上學的那天體會到了。同學們都用詫異的眼光看著他，有些調皮的男生還大聲喊著「跛腳、跛腳」，讓鄧天鴻很難堪。上學的過程非常艱苦，在路上同學故意學他走路的樣子，有時還故意把他撞倒。面對同學們的欺負和嘲笑，鄧天鴻好幾次都不想去上學了，但是媽媽總是在關鍵時刻鼓舞他，對他說：「別人怎麼看你不重要，重要的是你怎麼看你自己。雖然失去了雙腿，但別人能做的事你一定也能做到。」

靠著這種信念的支撐，鄧天鴻完成了所有的學業，最後成功地從一間知名大學畢業，成為一名企業管理人員。雖然他沒有雙腿，但是他做的比其他人都更優秀。

面對一切的成就，鄧天鴻並不覺得開心，他依然對自己的過去耿耿於懷，他覺得他不應該受到他人那樣的對待。這時，媽媽的話再一次開導了他：「做人一定要懂得饒恕他人，如果你把對人的怨恨積存在心裡，你就要背著這個重擔前行，生命也會變得艱難。如果你饒恕了別人，卸除對他人的憤恨，你的生活就會輕鬆得多。」

　　於是，鄧天鴻不再對原本欺負他的人抱有怨恨，而是和這些人做朋友。從此，他的生活徹底得到了解脫，他變得更愉快、更有親和力，身邊的朋友也越來越多了。

　　饒恕別人就是在幫助自己。有人說，愛從饒恕開始。是的，我們的生活中到處都存在著矛盾和怨恨。如果不懂得饒恕，這些矛盾和怨恨就會占據我們的心靈，使我們背上重擔，最後改變我們的性情，讓我們失去朋友和事業。只有那些肯放下怨恨，饒恕別人的人，才能換來心靈的輕鬆、長久的友誼與事業的成功。

　　在一生中，你會遇到各式各樣的人，與你志趣相投的、與你性格迥異的；與你人生同路的、甚至與你人生背道而馳的。可以說，在你所遇到的人中，多數都是與你不同的。他們跟你有不同的個性、思想、觀念以及做人風格。這些不同，有時不免會轉化為你與他們之間的辯論和爭執，而這樣的事情是無法避免的。

　　留意自己的身邊，你就會發現，一杯水、一口茶、一句廣告詞，甚至一個眼神，都有可能成為一場爭執事件的導火線。

爭辯往往是令人不快的，因為每個人的隱性目的都很明確，那就是認為自己才是對的，而別人是錯的。我們都想把自己的觀點強加給對方，但人都有自己的見解，面對這種侵略性的想法，自然會引起牴觸情緒。

即便你透過辯論，運用事實或理論證明自己的正確性，對方也不見得就會放棄他的觀點，以後遇到你還會有牴觸的情緒。你贏得一時口頭之快，卻沒有贏來一個真正的朋友。從社交的角度來看，你輸了，而且白白折損了很多精力和感情。更糟糕的結果是，如果對方對你懷恨在心，伺機報復，那就更增添了你人生和事業的危險指數，這對你來說是大為不利的。

如果你在爭辯中失利了，可能會心懷不甘、情緒難平，為了挽回自己的面子而採取一些方法。如果你採取的方法過於激烈，後果將會極其可怕。

也就是說，與人爭辯，你永遠不會贏，只要是爭辯，你就注定是一個輸家。因此，對於這樣的爭辯，你應該能避免則避免，糊塗一次，但多結交一個仗義相助的朋友，這對於他來說是有百利而無一害的。

假如爭辯不可避免，你也一定要冷靜對待，萬萬不可心浮氣躁，順著一時的衝動行事。你應該強行讓自己冷靜下來，並以最快的速度弄清楚當下是怎樣的狀況，然後思考這場辯論能否避免。如果無法避免，你要清楚這場爭辯的意義何在？對方

與自己的感情如何？你是不是希望對方盡快成為自己的朋友？把這些問題弄清楚後，你就能知道在爭辯中如何操控自己了。

爭辯後，也不能一走了之，你還應跟對方親切交流一下，一支菸或一杯酒往往可以令他恢復愉快的心情。

做人不能過於鋒芒畢露、事事張揚。你做出過人的成績後，大家自然就會知道你、稱讚你。但是，你過於表現自己，不留給他人絲毫情面，這無異於自己給自己一巴掌。因為，你的成功離不開朋友，沒有他們的幫助，你哪能有施展才華的平臺，更別說做出巨大的成功了。

> **人脈感悟**
> 當你遇到不利的情況時，千萬別逞一時之強，當一時之英雄，只有爭取獲得最後的勝利，才能算得上真正的成功。

給別人留面子

古時有一位公卿，在閒暇之餘喜歡下棋，自負是國手。

一天，公卿閒來無事，就與手下的一個食客對弈起來。食客一出手就表現出咄咄逼人之勢。公卿知是勁敵，就小心應付，但到後來，仍然被逼得心神大亂，無法應對。

食客見公卿焦急的神情，格外高興，故意留一個破綻。公卿發現了，立即進攻，以為這下可以反敗為勝。豈料，食

客突然使出撒手鐧，一子落盤，很得意地說：「你還想不死嗎？」公卿正殺得性起，突遭此打擊，心中大為惱火，立刻起身就走。

這位公卿向來注重修養，胸襟比一般人寬大，但也覺得顏面盡失，頗為不快。因此，公卿對那個食客始終耿耿於懷。

此後，公卿再也沒有與這個食客下過棋。這個食客本來是有才能的，公卿可以讓他飛黃騰達。為了這一點不快，公卿再也沒有提拔過這個食客。

那食客抑制不了自己的好勝心，傷了公卿的面子，導致小過失鑄成了終生的過錯，終其一生都鬱鬱不得志。

在無關得失的小事中，你要讓對方一步。這不僅可以博得對方的歡心，而且給他人留面子，也是給自己多留點餘地，使自己不會因小事而受到不必要的損害。

每個人都有自尊心。你傷了別人的自尊，他會認為受到侮辱，而一直耿耿於懷，且可能隨時找機會進行報復。因此，在人際交往中，切記千萬不能因自己的爭強好勝而傷害了別人的自尊。

從某種程度來說，給人留面子也是一種互助。尤其在一些無關緊要的事上面，你更要懂得給人留面子。換句話說，給人留面子是維繫感情的最好辦法；而傷人面子，受害的最終只會是自己。

爭強好勝，使對方下不了臺，常常不會有好的結果。對明智的人來說，即使自己能做的很好，也絕不逞一時之勝，做出讓他人難堪的蠢事。

　　中國人向來十分重視自己的面子。古代的項羽兵敗後自感「無顏見江東父老」，於是自刎烏江。為了面子，項羽竟然連命也不要了。因為，面子代表尊嚴與榮耀，有面子才能被別人看得起，才能表現他的優越感。在人際交往中，想要與別人建立和諧的關係，就必須懂得不爭強好勝，留給他人面子。給人面子是造就通達人脈的重要方法。奇異公司（General Electric）在人事任免上就非常注重留給人面子。

　　C某原先擔任計算部門主管的職務。雖然他在電氣方面是一流專家，但在管理方面的才能有限，不能勝任計算部門的主管業務。而且，他又很敏感，容易激動。公司若直接免除他的職務，顯然不適當。最後，公司給了他一個新頭銜──奇異公司顧問工程師。他的工作還是和以前一樣，只是換了頭銜。與此同時，公司巧妙地讓另一位合適的人擔任計算部門主管。並且，C某本人對公司的這種安排也非常滿意。

　　做同一件事，要相同的結果，懂得變通，就會讓人保住面子。然而，大多數人卻很少想到這點，他們常常無情地剝掉別人的面子，傷別人自尊，卻又自以為是；他們在別人面前呵斥一個晚輩或下屬，找差錯、挑毛病，卻很少去顧及被呵斥者的

自尊心。其實，只要冷靜地思考一兩分鐘，說一兩句體諒的話，對別人的態度寬大些，就可以減少對別人的傷害，而事情的結果也就會截然相反。

在社交場合，你給我面子，我才會給你面子；你不給我面子，我也不會讓你好過。這樣就叫以牙還牙，以眼還眼。這是社會交往中的一種遊戲規則。無論恩仇，你都會得到對方的回報。其實，與其傷了別人，不如給他一個面子，讓他欠你人情，而他給予你的回報一定大於你給他的。

你知道年輕時的富蘭克林（Benjamin Franklin）是什麼樣子嗎？大概你永遠都想像不到，年輕的富蘭克林狂妄自大、不可一世。無論跟誰在一起，他都顯出咄咄逼人的氣勢。要是讓富蘭克林抓住了你的把柄，那他是絕對不會放過機會的，一定會對你大加奚落一番。

富蘭克林父親的一位摯友知道後，就找到富蘭克林，用委婉的言語，指出了其說話及行為的自以為是與目中無人，別人從他這裡毫無所獲，只是受到莫大的屈辱與難堪，自然不會願意與他再交往下去。

富蘭克林聽後，才意識到自己所犯的錯誤。從此，他痛改前非，待人處事開始變得謙虛委婉，時時慎防有損他人尊嚴的事情發生。後來，富蘭克林便從一個被人鄙視、拒絕交往的自負者，成為受人歡迎愛戴的成功人物。假如當時富蘭克林並沒

有改變自己狂妄自大的個性，事情會有怎樣的結果呢？也許，美國歷史上的很多偉績都會被抹去。

每個人都要記住：目中無人只有一個後果，那就是眾叛親離，最終成為孤家寡人。如果你仍有目中無人的惡習，那麼就從現在起開始改變吧！你「目中有人」，別人才能看見你；你尊重別人，別人才會尊重你；你幫別人，別人才會幫助你；你成就別人，別人才能成就你。

當你對朋友的所作所為有意見而進行勸誡時，一定要給他留面子。你可以先說：「你的某某事做的滿棒的，效果、反應都不錯。」然後再用「可是」、「但是」、「不過」等來做文章。每個人都明白，這些詞語後面的才是真正要說的話，但前面的話一定要說，因為它不是假話，也不是廢話，而是為營造一種和諧氣氛的客氣話。直來直去的語言只會扯破對方的面子，讓對方心中對你產生反感。

當然，給別人留面子也要留得恰當，如果不恰當的話，那只會得到相反的效果。如果被請之人地位特殊，但你卻沒給他應有的待遇，則會弄巧成拙，傷了對方的面子。

張君舉辦宴會，特別請李君作為貴賓。然而，服務生在上菜時，放在李君面前的那隻鱉，竟比其他客人的小了許多。李君的修養也不是很好，看到四周客人的鱉都比自己的大，大為惱火，就在眾多的賓客面前大聲說：「等這隻鱉長大後再吃吧！」

說完，便拂袖而去，弄得張君十分尷尬，宴會也不歡而散。

與人交往，給對方留面子，通俗來說，就是往朋友臉上「貼金」。「貼金」這種事，不會有人拒絕，朋友只會高興，只會感激你。比如，你有喜事臨門，朋友向你道賀，你要說：「沾您的光……」或「托您的福……」這些謙虛、客氣的話，並不會讓你自己的光彩暗些，卻給足了朋友面子，使他的臉上更光亮些。

> **人脈感悟**
>
> 面子問題非常重要。打造好人脈，要懂面子問題，要懂得如何照顧朋友的面子。仗恃自己的能力高，不把他人放在眼裡，會把別人拒於千里之外。如果對方要面子，就可能不吃你那一套，甚至可能扯破臉皮跟你唱反調，這樣就會弄糟你的人際關係。

打圓場能調解人際糾紛

【人脈案例】

有個理髮師傅帶了個徒弟。徒弟學藝 3 個月後，便開始正式工作。

徒弟幫第一位顧客理髮後，顧客照照鏡子說：「頭髮留得太長了。」徒弟不語。師傅在一旁笑著解釋：「頭髮長使您顯得含蓄，這叫藏而不露，很符合您的身分。」顧客聽完，高興而去。

徒弟幫第二位顧客理髮後，顧客照照鏡子說：「頭髮剪得太短了。」徒弟又不語。師傅則笑著解釋：「頭髮短使您看起來很有精神、樸實、厚道，讓人感到親切。」顧客聽了，欣喜而去。

徒弟幫第三位顧客理髮後，顧客邊付錢邊嘟囔道：「剪個頭花這麼久的時間。」徒弟仍然無語。師傅馬上笑著解釋：「為『首腦』多花點時間很有必要。您沒聽說：進門蒼頭秀士，出門白面書生。」顧客聽完，大笑而去。

徒弟幫第四位顧客理髮後，顧客邊付錢邊抱怨說：「弄的時間太短了，20 分鐘就剪完了。」徒弟心裡很慌張，不知所措。師傅馬上笑著解釋：「現在的社會，時間就是金錢。『頂上功夫』速戰速決，為您贏得時間。您何樂而不為呢？」顧客聽了，歡笑告辭。

故事中的這位師傅，真是能言善道。他機智、巧妙地打圓場，每次得體的解說，都幫徒弟擺脫尷尬，讓對方轉怨為喜，高興而去。他成功地打圓場的經驗，給了我們諸多啟示。

以動聽的話語來打動顧客，求得顧客的歡喜，是師傅成功解圍的首要訣竅。吉言順耳，而愛聽「吉言」則是人們共通的心理。師傅巧妙地利用人們的這種心理，在顧客抱怨時，針對性地擇用其易於接受的話語來博得歡喜。這樣，顧客的抱怨消失了，先前不快的心理得到「吉言」的「撫慰」，「欣喜而去」就會是必然的結果了。所以，從某種角度來說，打圓場也是能得人脈的一種方法。

　　生活中的任何事情都包含雙面性，其中的對與錯、利與弊是相對的。辯證地看待問題，得體地揚長避短，是打圓場的一個技巧。師傅針對各種不同的情況，採取揚長避短的策略，用巧妙的語言去解釋，透過「揚長」，引導對方換視角，對先前不滿意的事換位思考，從一個新的角度去體會佳妙之處，因而能高高興興地接受自己的觀點。

　　幽默是化解尷尬的良方。幽默的話語常能令人轉怨為喜，開懷大笑，並且能讓人在笑聲中有所悟、有所得。故事中，這位師傅使用「首腦」一詞就頗為幽默。把頭說成「首腦」，寓諧於莊，調侃中不失文雅，莊重中又含風趣，還在某種程度上「提升」了顧客的身分。再看那「進門蒼頭秀士，出門白面書生」之語，更是幽默詼諧、妙語解頤。至於「現在的社會，時間就是金錢，『頂上功夫』速戰速決，為您贏得時間，您何樂而不為呢？」的解釋，幽默的話語中又包含「與時俱進」的要素，富有時代氣息，這就大大地增加了說服力，更易為對方所接受。

　　打圓場有別於和稀泥，是從善意的角度出發，用特定的話語去緩和緊張氣氛、調節人際關係，在日常生活中有積極的意義。

　　不管做什麼事情都有訣竅，打圓場也不例外。打圓場的訣竅主要有以下幾個方面：

- **轉移注意力，暫熄戰火**：如果任由一些無原則的爭論持續下去，可能會演變成爭吵，甚至讓雙方大動干戈。如果雙方火氣正大，有劍拔弩張、一觸即發之勢，第三者即可當機立斷，藉口有什麼急事（如有人找或有急電），把其中一人支開，讓他與對方暫時遠離接觸。等過一段時間，他們氣消了，頭腦冷靜下來了，爭端也就趨於平靜了。

- **揭示矛盾的癥結所在，引導雙方自省**：當雙方為某事爭論不休，各執一詞、互不相讓時，身為矛盾的調解人，無論對哪一方過分地褒貶表態，都猶如火上澆油，甚至會引火自焚，不利於爭端的平息。因此，你只能比較客觀地把矛盾的真相說清楚，而不加任何評論，讓雙方從事實中反省自己的缺點或錯誤，使矛盾得到解決，而達到消除誤會、實現團結的目的。

- **將雙方有爭議的話題岔開，轉移注意**：如果不是原則性的爭論，那麼這場爭論就沒有必要再繼續下去。身為第三者，如果僅向雙方力陳己見，理論一番，恐怕不會有效。這時，不妨岔開話題，轉移爭論雙方的注意。

- **巧妙地聯絡感情，尋找共同點**：假如你想讓彼此成見很深的兩人消除前嫌；假如你的親人突然遇到與他關係很不好的人且你又在場；假如你身為隨從人員參與某個談判卻暫處僵局……身為第三者，你需要做的事情就是聯絡雙方的感

情，努力尋找雙方心理上的共同點或共同感興趣的問題。有時一幅名畫、一張照片、一盤棋局、一個故事、一則笑話、一句諺語、一段相似的經歷，乃至一杯酒、一支菸都可能成為雙方感興趣的話題，都可以成為融洽氣氛、打破僵局的契機。

· **對雙方的論點進行歸納後，公正評價**：如果爭論的問題有較大的異議，而雙方的觀點又都有偏頗，但本質十分接近，只是因為自尊心，雙方都不肯服輸，那麼第三者應顧及雙方的面子，把兩造見解的精華做系統的歸納，也把雙方觀點的不足之處整理出來，公正地評論、全面的闡述，讓雙方都能接受。這樣，你就把爭論引導到理論的探討、觀點的統一裡了。

在社交裡，發生爭執的人們常會找身為第三者的你來評理，請你幫他們分個高下。這時，為了他們的友誼不受傷害，你就需要巧打圓場讓他們平息紛爭，既解決問題，也在他人心中樹立良好的形象，從而贏得別人的好感。

人脈感悟

打圓場不是不著邊際的奉承，也不是油腔滑調的詭辯，而是一種說話的技巧。認真學習並掌握這種技巧，注意在特定的場合中察言觀色，適時得體地打圓場，能有效擺脫尷尬和煩惱。

做人不要太偏激

　　三國時期，關羽過五關，斬六將，單刀赴會，水淹七軍，是何等英雄氣概。可是，他致命的弱點就是剛愎自用、固執偏激。

　　當關羽受劉備重託，留守荊州時，諸葛亮再三叮囑他要「北據曹操，南和孫權」。可是，當吳主孫權派人來見關羽，為兒子求婚時，關羽大怒，喝道：「虎女豈可嫁犬子！」

　　關羽說話如此偏激，不顧大局，不計後果，導致吳蜀聯盟的破裂。最後，關羽也落得敗走麥城、被俘身亡的下場。

　　倘若關羽能少點偏激，不意氣用事，那麼吳蜀聯盟大概不會遭到破壞，而劉備也許就能一統天下了。

　　思想可以不成熟，但做人方式不能偏激，因為情緒的不穩定而「敗走麥城」，只會讓自己留下終生的遺憾。

　　偏激的人看問題總是戴著有色眼鏡，以偏概全、固執己見、鑽牛角尖，對別人善意的規勸和平等的商討一概不聽不理。偏激的人怨天尤人，滿腹牢騷，整天抱怨生不逢時、懷才不遇，只問別人提供給他什麼，不問他為別人貢獻了什麼。偏激的人缺少朋友。人們喜歡結交飽學而又謙和的人，但開口就和人家吵架，明明無理也要得三分的人，誰都不想跟他打交道。因此，偏激之人的人緣通常都不好，而他也不會主動去尋求變通。這樣的個性很難有好的人脈。

　　一個人有主見、有頭腦，不隨人起舞、不與世沉浮，這無疑是值得稱讚的好特質。但是，這要以不固執己見，不偏激執拗為前提。無論是為人還是處世，頭腦都應當多點辯證思維。死守一隅、坐井觀天，把自己的偏見當成真理至死不悟，則是做人與處世的大忌。如果不認真糾正這種「關羽遺風」，那就很有可能使自己誤入人生的「麥城」而無法轉身。

　　個性和情緒的偏激是種心理疾病。它源於知識的極端貧乏、見識的孤陋寡聞、社交的自我封閉、思維的主觀唯心。對此，只有對症下藥，豐富自己的知識，成長自己的閱歷，多參加有益的社交活動，掌握正確的思想觀點和思考方法，才能有效地克服「剛愎自用，固執偏激」的心理。

　　為人處世過於偏激，愛鑽牛角尖，不善於變通的人，應該要注意以下三點：

- **禁止行為上的莽撞**：偏激在行為上的表現是莽撞從事、不顧後果，這種人根本和變通處事搭不上邊。
- **禁止認知上的片面**：偏激的人常常以絕對的、片面的眼光看問題，以偏概全、固執己見、鑽牛角尖，忽視他人善意的規勸和平等的商討。試想，這樣的人誰想跟他打交道？
- **禁止情緒上的衝動**：偏激在情緒上的表現是，按照個人的好惡和一時的心血來潮論人論事，缺乏理性的態度和客觀

的標準，易受他人的暗示和引誘。如果對某人產生好感，就認為他一切都好，明知是錯誤、是缺點，也不願承認。

人脈感悟

個性和情緒上的偏激，是為人處世的一個不可小覷的缺陷。想要在人生道路上做到左右逢源，就必須掌握正確的思想觀點和思考方法，有效地克服「剛愎自用，固執偏激」的心理。

第三章
對他人寬容一些

> 　　每個人都是優點與缺點並存，長處與短處同在。如果我們只看到他人的缺點，就會覺得他人一無是處，進而產生輕視他人的心理，如果我們只看到自己的優點，就會覺得自己處處都對，進而產生驕傲自大的心理。

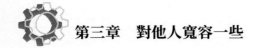

做人豁達一點

　　河與岸是一對形影不離的好朋友。有河就會有岸，在岸上可以觀賞河中的美景。有岸也會有河，再美麗的岸，如果沒有河的流動，也是一種缺憾。

　　有一天，河與岸發生了矛盾。河說：「岸太限制我的自由。」岸說：「河的脾氣太壞了，也太任性了。」它們從白天吵到黑夜，再從黑夜吵到白天。

　　它們吵架傷了和氣，彼此都認為自己為對方付出太多，然而又不了解彼此。河說：「我想要怎樣就怎樣，用不著岸來管。」而岸卻說：「我才懶得管你呢！你喜歡怎樣就怎樣，這和我有什麼關係？」

　　一天夜裡，山洪忽然爆發。河和岸還彼此在各自夢裡詛咒和埋怨著對方的時候，排山倒海的洪流已經躍過了河岸，沖到了廣闊的田野上。

　　在一陣陣的呼喊和救災聲中，河和岸同時看到自己醜陋不堪的形象，還有對方那種慘不忍睹的樣貌。這使它們懷念起以前和睦相處的情景，然而一切都太晚了。

　　在日常生活中，大多數人心胸寬廣，為人處世冷靜客觀、豁達適度，人際關係正常。但是，也有些人，心胸比較狹窄，喜歡斤斤計較，唯恐自己吃虧。這些人覺得自己在生活中失去太多，而得到的卻很少，往往會因此變得意志消沉，缺乏動力。

　　有些人疑心病重，喜歡猜疑，常常無中生有地懷疑別人或扭曲對方的原意。有時，這些人會因一些雞毛蒜皮的小事與人

爭吵或生悶氣，搞得人際關係很緊張。這些人還常把自己的身分、地位、等級看得很重，深怕失去什麼。當有人不慎冒犯他時，他就會對其大發脾氣。

在這個大千世界裡，每個人自出生那刻起，就要生存，就要與他人接觸。在和他人相處時，豁達是很重要的一部分。豁達意味著風度、胸懷及氣質。

遇事存一分豁達，可以使人們彼此之間多一些認同和理解，也可以使人自責和懺悔，反省自己哪一步錯了。

豁達的人從不在乎蠅頭小利，對待那些雞毛蒜皮的小事只是付之一笑。人的一生只不過彈指之間。一個人能在這世上生存多少年？不過也就是幾十年的時間。有的人可能活得長一點。即使再長，也沒有長生不老，這也是自然規律所在。

既然如此，為什麼我們對別人就要提出這樣或那樣的要求呢？如果每個人都學會對別人寬容一點，對別人多一點善意和理解，少一點要求，那就會過得更開心。

每個人都不是各自生活的個體，都要生活在社會中。你的一切事情都需要與他人打交道，和他人交流，都需要他人的幫助。沒有他人的幫助，你做任何事情都會寸步難行。

與人相處，要用平常心來對待，要時刻想到這個世界沒有了自己照常運行，要明白誰離開我都能繼續生活。反之則不然，自己離開別人就難以生存。要擁有好的人脈，先要有好的心態。

想要快樂生活，開開心心過好每一天，你就應該與人和睦相處，多一點寬容心，多一分理解，多一分關懷。如果做到這些，你的心情就會開朗許多，朋友也會更多，而你的生活也就是最幸福的了。

　　在與人交往中，任何的複雜都是讓人費思量的。因此，你就需要有一個正確的為人處世方式，即為人要寬容，處世要豁達。

　　說起寬容，很多人都不否認，但又覺得做起來很難。確實，寬容是一種做人的美德，也是一種明智的處世原則，是人與人之間的「潤滑劑」。然而，要做到寬容，首先要讓自己豁達起來。

　　在一生中，每個人都會遇到挫折，世間的坎坷和厄運時常會攪擾人心不得安寧。大家都不容易，所以不要太鑽牛角尖，不要在前進的道路上自設絆腳石。當你對事情都能看開時，會在無意中得到他人的理解和讚許，從而拓寬了自己生活的樂趣。

　　凡是經歷過風雨的人，最能感受彩虹的沐浴，而他的寬容也猶如冬日正午的陽光，很容易就能融化別人心田裡的冰雪，讓美好的生活從此變成潺潺細流。

　　一個不懂得寬容的人，就不會對甜蜜的生活有所嚮往，而他的生活必然總是充滿不滿和怨恨。其實，人這樣生活有什麼樂趣，往往顯得愚昧，也會讓人更快衰老。因此，一個不懂得對自己寬容的人，往往會因為把生命的弦拉得太緊而傷痕累累。

　　由於生活在一個越來越功利的環境裡，每個人難免都有功

利主義的傾向。但是，你也不能因此而過於吝惜自己的私利，要懂得寬容，不能一味地逞強好勝。你要學會豁達地看待別人的瑕疵。只有這樣，你的生活才會變得光明。

寬容不意味對惡人橫行的遷就和退讓，也不意味對那些違法亂紀的鼓勵和縱容。誰都可能遇到情勢所迫的無奈，也會有無可避免的失誤和欠缺考慮的差錯。所謂寬容，就是以善意去寬待各種缺點的人們。

人的豁達就是自信。自信能給你力量，也能給你智勇。寬容和豁達可以讓人消除煩惱，而自信可以讓人擺脫憂愁。人有自信，他的前方就會充滿光明。

豁達開朗的人往往都很寬容，也能對別人不同的看法、思想、言論、行為以至宗教信仰、種族觀念給予理解及尊重，而不會隨便把自己認為「正確」或「錯誤」的東西強加於別人。

你只要豁達和寬容，即使單獨生活，也能泰然處之，毫無孤獨之感。因為，具有積極情感的心態，才能感受到自己存在的價值，從而對自己的能力、個性、情感、長處及不足做出恰如其分的客觀評判，也就不會對自己提出苛刻的、不切實際的個人奮鬥目標和做人原則。

一個人心胸狹窄的重要原因，就是思考方式上的本體論。由於他們習慣孤立地、靜止地去看待問題，因而目光短淺，不能認知事物的多樣性。

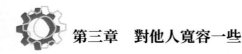

三國時期的周瑜只看到諸葛亮的雄才大略,認為如果諸葛亮幫助劉備強大,將威脅到東吳稱霸,而沒有意識到面對曹操的數十萬大軍,如果自己嫉賢妒能,破壞蜀吳聯盟,只能各個被曹軍擊破。諸葛亮卻清醒地意識到了這點,做到一方面「大人不計小人過」,另一方面巧妙地與周瑜進行鬥爭,使他無法破壞孫劉聯盟。

在與心胸狹窄的朋友相處時,為了既不失友誼又不傷關係,你需要注意以下幾個方面:

- **氣量大度點**:在與心胸狹窄的朋友相處時,一定會發生一些不愉快的事。如果缺乏氣量,我們就會與他們斤斤計較,而使雙方無法相處。相反的,如果氣量大度、胸懷寬廣,我們就會使那些不愉快的事化為烏有。

- **盡量諒解他人**:假使對方因心胸狹窄,做出對不起自己的事,我們應從有利於工作和團結的大局出發,能諒解的就盡量諒解,能忍讓的就盡量忍讓,不要為個人的利益而斤斤計較或耿耿於懷。

- **掌控好忍讓的分寸**:因為朋友的心胸狹窄,做出對不起自己的事情,不忍讓又能怎樣呢?除非鬧翻了,分道揚鑣。忍讓別人,不是向別人低頭示弱,而是心胸寬闊、風格高尚的表現。當然,忍讓並不意味著要放棄原則。

　　心胸狹窄的人極容易錯估形勢，錯誤地對待人和事。對心胸狹窄的人發揚忍讓精神，絕不意味著遷就他的錯誤。對朋友的心胸狹窄應該忍讓，但對他錯誤的思想和行為卻不能遷就，這才是正確的忍讓之道，也是與心胸狹窄者相處的最佳策略。

人脈感悟

對來自無意的傷害，豁達的人會表現得寬厚；對竊竊私語，豁達的人會表現出漠視；對敵意的攻擊，豁達的人會表現出忍讓；對與自己不同的意見，豁達的人會表現出理解。豁達的人就是如此善於包容、充滿愛心。

化解與他人的矛盾

　　春秋戰國時期，梁國與楚國為鄰國，兩國在邊境上各設界亭，亭卒們也都在各自的地界栽種西瓜。

　　梁國的亭卒勤勞，每天都為瓜地鋤草澆水，瓜秧長得極好；而楚國的亭卒懶惰，西瓜秧長得不好。楚國的亭卒趁夜裡月黑風高偷跑過去，把梁國亭卒的瓜秧全弄斷了。梁國的亭卒發現後氣憤難平，報告給邊縣的縣令宋就，並建議：「我們也應該過去把他們的瓜秧弄斷！」

　　宋就說：「楚國的亭卒這麼做的確很卑鄙。但是，我們明明不願他們弄斷我們的瓜秧，那我們為什麼再反過來弄斷人家的瓜秧呢？別人不對，我們再跟著學，不就變成和他們

一樣的人了。你們聽我的話，從今天起，每天晚上悄悄去幫他們的瓜秧澆水，讓他們的瓜秧長得好起來。你們這樣做，他們遲早會知道的。」

梁國的亭卒聽了宋就的話後覺得有道理，就照辦了。

楚國的亭卒發現自己田裡的瓜秧長勢一天比一天好，覺得很納悶。他們仔細觀察後，發現每天早上瓜地都有被人澆水過，而且是梁國的亭卒在黑夜裡悄悄為他們澆的。

楚國的邊縣縣令聽到亭卒們的報告，感到十分慚愧，不由得不敬佩梁國的亭卒，就把這件事報告給楚王。

楚王聽說後，有感於梁國人修睦邊鄰的誠心，特備重禮送梁王，既表示自責，亦表達酬謝。

從這以後，梁國與楚國成了友好的鄰邦。

在日常生活中，發生一些小矛盾是不可避免，也是非常正常的事。發生小矛盾後，重點是看你如何解決它。俗話說得好：多個朋友多條路，多個冤家多堵牆。如果能大度點，學會寬容，每個人都會有好人緣，進而有好人脈。

如果你與別人並沒有什麼深仇大恨，何不諒解一下與自己意見不一致的人。其實，大家都應該學會去諒解別人，不該為一點小事就爭吵與生氣，因為那是不值得的。生氣與爭吵對人生沒有什麼好處，所以大家何不學會大度些。

在為人處世時學會寬容，你就可以生活得順遂一點。寬容可讓人的態度變得和藹，也可讓人變得輕鬆，而使人的心靈有轉折退讓的餘地，讓複雜的人際關係變得簡單。

　　有句俗話說得好：人生不如意，十有八九。一個期望愛情甜蜜者，難免有失戀的苦惱；一向和諧的家庭裡，少不了會出現一些爭吵；被認為可信賴的朋友，偶爾也會因一些小誤會而產生隔閡；一個人在為事業奮鬥打拚的時候，也許會遭到平庸者的嫉妒。生活中這些「不如意」，常常檢驗一個人的修養水準。有的泰然處之、從容對待，能做到用真誠化干戈為玉帛；有的則怒形於色、耿耿於懷，因積小怨而互相仇視。

　　有位哲人曾說過，「人越愚，越爭吵，越發怒。」就是指一個人越有智慧、越有胸懷，也就越能避免爭吵，避免生氣。這是因為他懂得做人、做事的道理，具備化解矛盾的能力。

　　每個人都在為自己、為家人的生計奔波，都要與各式各樣的人打交道，隨時隨地都可能和別人產生矛盾。面對矛盾，是不容觸犯的生氣呢？還是以禮待人，主動和解呢？兩種選擇，不僅反映當事者的修養與氣度，還會出現迥然不同的結果。如果雙方各持己見、互不相讓，那麼最終只會是兩敗俱傷，以「雙輸」告終；倘若雙方互諒互讓，就能化干戈為玉帛，最終則會是「雙贏」的效果。

　　假如衝突不可避免，你該如何解決，如何「化干戈為玉帛」，使衝突對雙方的傷害達到最低？任何矛盾總能找到適合的方法化解，重點要看方法是否正確。以下是幾種常用的處理方式：

- **對症下藥，才能藥到病除**：衝突發生了，傷害也造成了，那麼怎樣才能「亡羊補牢」，「修護」你們之間隨時可能破裂的友誼呢？關鍵是要找到問題的根源，即「病根」，才能對症下藥，並且藥到病除。俗話說：「一把鑰匙開一把鎖。」對付一個人，就要有相應的、特別的方法。關鍵就在於你要了解這個人，並站在對方的立場設身處地著想，對方為什麼會惱怒？為什麼會生氣？在體諒的基礎上，就很容易找到矛盾的「病根」所在。

  找到問題的病根，就要對症下藥，這個藥就是方法。化解衝突的方法很多，包括退讓、等待時間緩衝、轉換利害關係、暫時不予回答、模糊焦點、靜心傾聽等。如果你覺得確實是自己的錯，但又不好意思認錯，那麼借由他人之口，或者由他人含蓄地傳達你的意思，也不失為一種好的方法。

- **讓自己去愛他**：你得主動愛人，尤其是對那些與你有過隔閡的「仇人」，以顯示自己的寬厚。其實，這也是對自己的愛。

- **在心理上贏得朋友**：朋友與你結交，肯定不只是為了跟你打打麻將、聊聊天或一起吃個飯什麼的，是因為你對他的人生、事業能產生實質的幫助或心理支持，你們之間有互利共贏的關係。偶爾的矛盾也許會暫時打斷你們之間的關係，但這並不會成為阻礙。然而，與朋友間的友誼常常進

行「修補」，可以讓朋友對你的依賴心更強。這樣，朋友也就會對你更忠誠。

- **主動承認自己的錯誤**：有可能關係本來很好的朋友因一時的誤會而產生很深的隔閡，但這時雙方都有礙於顏面而不肯低頭認錯。這時，你該怎麼辦呢？最有效的方法就是「低下你高傲的頭」，主動向對方說：「我錯了。」只有這樣，朋友才會回到你的身邊。

人脈感悟

一個人越有智慧、越有胸懷，也就越能避免爭吵、避免發怒。這是因為他懂得做人、做事的道理，具備化解矛盾的能力。

有理何妨讓三分

漢朝時，劉寬在南陽當太守。他為人寬厚仁慈。小吏、老百姓做錯了事，為了以示懲戒，他只是讓差役用蒲草責打，使之不再重犯。此舉深得民心。

劉寬的夫人為了測試他是否像人們所說的那樣仁厚，便讓婢女在他和屬下集體辦公時端出肉湯，故作不小心把肉湯灑在他的官服上。

要是一般人，必定會把婢女責打一頓，至少也會怒斥一番。但是，劉寬不僅沒發脾氣，反而問婢女：「肉湯有沒有

燙到妳的手？」

　　有人曾經錯認劉寬家駕車的牛，硬說牛是他的。劉寬什麼也沒說，叫車夫把牛解下給那人，自己步行回家。後來，那人找到自己的牛，便把牛送還給劉寬，並向他賠禮道歉。然而，劉寬卻安慰那人，不要把此事放在心上。

　　這就是有理讓三分的作法。劉寬的肚量可謂不小。他感化了人心，也贏得了人心。

　　生活在同一個環境中，人們難免會產生不同意見或矛盾。但是，如果經常為雞毛蒜皮的小事爭得面紅耳赤，誰都不肯甘拜下風，以致大打出手，是完全沒必要的。事後靜下心來想想，當時若能忍讓三分，自會風平浪靜，大事化小、小事化無。事實上，越是有理的人，如果表現得越謙讓，就越能顯示出他胸襟坦蕩，富有修養。

　　每個人都難免會偶有過失，也都有需要別人原諒的時候。不過，每個人看待自己的過錯，往往不如看待他人那般嚴重，常把注意力集中在他人的過錯上，卻對自己的過錯比較容易原諒。即使有時不得不承認是自己的錯，也總覺得是可被寬恕的。也就是說，無論自己是好是壞，我們總是找到各種理由容忍。

　　輪到要評判他人時，情況就不一樣了。有些人總會用另一副眼光，百般挑剔地去發現他人的錯誤。假使發現他人說謊，就會嚴厲譴責對方的不誠實，狠批其錯誤根源。可是，誰又能保證自己從沒說過一次謊？

　　大部分人一旦身陷爭鬥的漩渦，便不由自主地焦躁起來。有時為了自己的利益，甚至是為了面子，非要強詞奪理、一爭高下。一旦自己得了「理」，便絕不饒人，非逼得對方鳴金收兵或自認倒楣不可。然而，這次「得理不饒人」雖讓你吹響了勝利的號角，但也為下次爭鬥埋下隱患。這種時候，我們何不有理讓三分。其實，有時給他人臺階，也是為自己留一條後路。

　　寬以待人，要有主動「讓道」精神，寬容讓人。在與他人交往中，常常會因對問題的理解不一，個性、脾氣、愛好、要求的不同、價值觀念的差異，產生矛盾或衝突。做一個能理解、接納他人優點和缺點的人，才會受到他人歡迎。反之，那些只知道對他人吹毛求疵，且沒完沒了地批評說教的人，只能讓人們對他敬而遠之。

　　寬以待人，就是要將心比心、推己及人。而推己及人則是以自己為尺規，衡量自己的行為舉止能否被人所接受，其依據是人同此心、將心比心、設身處地。還可以假設自己站在對方的位置上，想想對方會有什麼反應、感覺，從而去理解、體諒他人。只有懂得這些，當他人理短時，你才能大度地寬容，他人也才會在你理短時容讓你。

　　在辯論的過程中，切忌以自我為中心，只注意到自己的情況，從不考慮他人感受，那樣只會使辯論火上澆油。你要時刻關注對方的變化，從對方的立場來考慮問題，做到適可而止，不致犯下超出常規的錯誤。如果你贏得辯論，也要贏得有大將

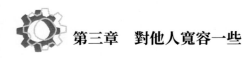

之風，給對方留餘地。對方感動於你豁達的胸襟，一定會以「行動」相報。如果你在辯論中失利，也不要計較太多，真誠地表達出對對方的敬佩之心，你們仍然有機會相識相交。

　　言語過激，鋒芒畢露，最容易得罪人。你得罪了他人，無異於給自己前行的路上增添一道厚牆，在你的事業征途中預設了一道阻礙。得罪的人多了，你當然就寸步難行，甚至無法前進。

> **人脈感悟**
> 兩相交火，必然兩敗俱傷，不論對對方還是對自己都是百害而無一利的。

主動「讓道」給他人

【人脈案例】

　　一個年輕人抱怨妻子近來變得憂鬱、沮喪，常為一些雞毛蒜皮的小事對他嚷嚷，甚至會對孩子無緣無故地發脾氣，這都是以前不曾發生的現象。他無可奈何，開始找藉口躲在辦公室，不願回家。一位經驗豐富的長者問他們最近是否爭吵過。

　　年輕人回答：「為了裝飾房間，我們發生過爭吵。我愛好藝術，遠比妻子更懂得色彩。我們為了每個房間的顏色大吵了一架，特別是臥室的顏色。我想漆這種顏色，她卻想漆另一種。

我不肯讓步，因為我對顏色的判斷能力比她還強。」

長者又問：「如果她把你的辦公室重新布置一遍，且說本來的布置不好，你會怎麼想呢？」

「我絕不能容忍這種事。」年輕人不假思索地回答。

長者解釋道：「你的辦公室是你的權力範圍，而家庭及家裡的東西則是你妻子的權力範圍。如果按照你的想法去布置『她的』廚房，那麼她就會有你剛才的感覺，好像受到侵犯似的。當然，在房間布置問題上，最好雙方意見一致，但是你要記住，在做決定時要尊重妻子的意見。」

年輕人恍然大悟，回家對妻子說：「妳喜歡怎麼布置房間就怎麼布置吧！這是妳的權力，隨妳的便吧！」

妻子大為吃驚，幾乎不敢相信。年輕人解釋說是一位長者開導了他，使他了解到自己錯了。妻子聽後非常感動。兩人言歸於好。

夫妻關係和其他人際關係一樣，會有這樣那樣不盡如人意的地方。針鋒相對永遠不是解決的好方法，主動讓道才能使雙方更感受到寬容的力量。只有以寬容的態度面對問題，才可能完美地解決。

主動「讓道」是一種寬容，是在人際交往中有較高的相容度。相容就是胸懷寬廣、忍耐性強。有人說：「大海是廣闊的。比大海更寬廣的是天空，比天空更廣闊的是人的胸懷。」也有人說：「誰若想在困厄時得到援助，就應在平時待人以寬容。」

也就是說，相容度高，能接納、團結更多的人，在平時共奮鬥，在困難時共患難，可以增加成功的力量，創造出更多的機會。反之，相容度低，則會讓人疏遠、減少合作力量，人為地替成功增加了阻力。

孔子曾告誡人們：「己欲立而立人，己欲達而達人；己所不欲，勿施於人。」意思是自己不願做，不能接受的事情，一定不能推給他人。在人際往來中，記住「己所不欲，勿施於人」的教誨是大有裨益的。它可避免提出難以接受的要求，且避免由此而來的難堪局面，從而建立和維持良好的人際關係。

能做大事的年輕人，必須具備主動「讓道」的精神。在與他人產生矛盾或衝突時，我們應記住這句話，「航行中有一條規律可循，操縱靈敏的船應該讓道給不太靈敏的船。」一定要注意他人的建議是否合理，絕不能全盤否定。主動「讓道」，而不應爭先「搶道」，對己對人都有利。

人們往往能將他人的缺點看得一清二楚，但這並不意味可以因此隨意指責別人。在與人相處時，還是要懂得體貼他人。並且，在不傷害人的前提下，適當地幫助別人。如果以嚴厲的態度對待別人，容易遭到怨恨，反而無法達到目的。

在現實生活中，我們不應用苛刻的標準去要求他人，要尊重對方的自由權利。因此，做一個理解、容納他人優點和缺點的人，才會受歡迎；而對人吹毛求疵，則不會擁有親密朋友的，因為人家對他都是敬而遠之。

　　如果我們能夠真誠待人，就能盡可能地贏得好感、依賴及尊敬，就能與別人和睦相處，也就能在人生旅途中順利地前行。

> **人脈感悟**
>
> 如果你事事與人斤斤計較，只會自己堵住自己的路。一個人必須具有容納汙穢與恥辱的能力，再加上包容一切善惡賢愚的態度，才能有成功的人際關係。

學會擁抱對手

　　一間小雜貨店對面新開了一家大型連鎖商店。這家連鎖商店即將擊垮雜貨店的生意。

　　雜貨店的老闆滿是憂愁地找牧師訴苦。牧師卻建議他：「每天早上，你站在雜貨店門前祈禱自己生意興隆後，轉過身去，也為那家連鎖商店祈禱生意興隆。」

　　不久之後，正如這個雜貨店老闆當初擔心的那樣，他的雜貨店關門了，但他卻被聘為那家連鎖店的經理，而且收入比以前更高。

　　擁抱你的對手，在公開場合誇獎對手的長處，這是氣度和胸襟。你看競技場上的對手，競技之前擁抱，競技之後再次擁抱。

　　人和動物是不同的。動物的所有行為都是依其本性而發，屬於自然的反應；但人不一樣，經過思考，人可以依當時需要，

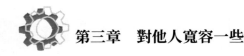

做各種不同的行為選擇，比如擁抱對手。

「擁抱對手」是件很難的事，因為絕大部分的人看到「敵人」都會有滅之而後快的衝動。如果環境不允許，或者自己沒有能力消滅對方，那麼至少也會保持一種冷淡的態度，或者說一些讓對方不舒服的嘲諷話語。由此可見，要擁抱對手是多麼難。

就是因為難，所以人的成就才有高下之分。也就是說，能擁抱對手的人，他的成就往往比不能擁抱對手的人高。

如果你在心裡說：「我絕不會擁抱對手，那會顯得我沒骨氣。」那麼你就等著吃虧吧！要知道，你的主動，除了可以在某種程度上降低對方對你的敵意之外，也可避免惡化你對對方的敵意。換句話說，為敵為友之間，留下一條灰色地帶，免得敵意鮮明，反而阻擋了自己的去路與退路。

你的擁抱動作，也會讓對方失去對你攻擊的立場。若他不理你的擁抱而依舊攻擊你，那麼他必招致周圍人的譴責。最重要的是，擁抱對手這個動作一旦做出來，久了會成為習慣，讓你在為人處世時，能容天下人、天下物，出入無礙，進退自如，而這正是成就大事業的本錢。

事實上，擁抱對手，並不如想像中難，自己的想法是最關鍵的。只要你能克服心理障礙，就沒有什麼做不到。在肢體上擁抱對手，比如擁抱、握手。尤其是握手，這是普遍的社交動作，你伸出手來，對方好意思縮手嗎？在言語上擁抱對方，比

如公開稱讚或關心，表示你的「誠懇」，但切忌過火，否則會造成反效果。

會做人的聰明人，在做事的過程中，都懂得擁抱對手的藝術。即使結果令你難以接受，也要笑臉相迎，擁抱一下對手又何妨。

> **人脈感悟**
>
> 學會擁抱對手，是學會為人處世不可缺少的一個環節。人生最大的快樂不是戰勝對手，而是擁抱他，然後化敵為友。

保持一種平穩的心態

相關人士曾做過以下實驗：有兩組實驗者被要求和一位女士講電話。在通話前，兩組實驗者分別被告知與其通話女士的個性：與第一組通話的女士是呆板、乏味的人，而與第二組通話的女士是熱情、開朗的人。

通話結果發現：第二組的實驗者與對方的交談很投機，通話時間也較長，而第一組的實驗者幾乎無法與對方順利交談。

正當實驗者認為這樣的結果與他們事先預料的相同時，卻被告知與他們通話的女士其實是同一人。

出現這種情況的原因顯而易見，這是參加實驗者的心態受到干擾造成的。他們在與那位女士接觸前，就被告知了她的

個性。所以，他們在真正和她接觸時幾乎放棄了自己的感覺，完全受制於先入為主的印象。這是一種心態不穩的表現。沒有平和的心態，在與人相處時，很容易受到外來的甚至是自己偏見的影響，從而對與自己交往的人產生不客觀的評價。

現代社會的生活節奏日益加快，各種事物也都跟著節奏發生變化。其變化速度之快，甚至遠遠超出人們的想像。大多數時候，人們似乎永遠跟在這些變化的後面，隨著外界的變化讓自己不停地被動更新。漸漸地，心態開始凌亂。與人相處時，開始患得患失，整日奔波卻不知所終。因此，在與人相處的時候，不被外界干擾，保持平穩的心態就顯得非常重要。

如果每個人都有平穩的心態，客觀、公正地對待別人，時時嚴以律己，並根據實際情況不斷調整自己的期望值，那麼類似案例中所提的實驗情況就不會發生，這就是與人相處時的心理素養要求。

每個人的個性、愛好及習慣等方面都有很大的不同，對事物的認知與理解也不盡相同。我們不能要求他人跟自己一樣，不能用自己的標準和經驗去衡量他人的所作所為，要承認他人與自己的不同，並能容忍此差別。不要企圖改變別人，因為這麼做大多數是徒勞的。

何況，別人與你的觀點或處世態度不同，也不意味著別人是錯的，你是對的。多數情況下，人與人的差別無關乎對錯，只是個性不同，是沒有對錯之分的。即使別人所持觀點不正

確，甚至他有很多缺點，你也沒必要去改變人家。正所謂「人
非聖賢，孰能無過。」人與人在日常的交往中，不可避免地會
出現或大或小的失誤。這時，你不應橫加指責或大聲呵斥，而
要樂道人之善，多看到他人的長處。

在與自己觀點不同的人相處時，不會感到很愉快，甚至會
矛盾重重。這時，應該做的，是要保持平穩的心態，以寬容和
大度的精神去面對他們。尤其在面對有缺點的人時，你更要學
會調整自身，去適應他們。調整自己，其實就是保持平穩心態
的積極方法。

在極其複雜和不斷變化的現代社會人際關係裡，每個人都
有保持心態平穩的需要。而保持心態平穩的基礎，是在和別人
相處時，用正確、客觀及寬容的態度去對待。凡事都要站在他
人的角度想一想，這樣或許就能理解他人的所作所為；還要做
到隨時調整好自己的心態，以保持平穩。要做到這樣，你就必
須提高自身素養，全面展現自己，多看他人長處，原諒他人過
錯。這樣，你在與人相處時才會如魚得水、遊刃有餘。

人脈感悟

保持平穩的心態有益於與人交往。心態不穩，你就容易患得
患失，看不到別人的長處，只看到別人的短處，同樣，也不
能正確認知自己。以一顆公正、客觀的心對待人和事，你的
心態就會平穩。

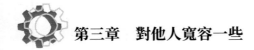

讓對手的才能為己所用

　　春秋戰國時期，首先稱霸的是齊桓公，而他的稱霸，依靠的是管仲。

　　齊桓公，名小白，原是齊國公子。管仲原本是小白之兄公子糾的師父。齊國的君主信公死後，各公子相互爭奪王位，到最後只剩公子小白與公子糾爭奪。管仲為了替公子糾爭奪王位，還曾用箭射傷公子小白。幫助公子糾爭奪王位的魯國在與齊國交戰中大敗，只得求和。齊桓公要求魯國處死公子糾，並交出管仲。

　　魯國人都以為管仲必被折磨致死。然而，令人意外的是，齊桓公卻任用他為宰相。連管仲自己也沒有想到，因為宰相具有治理全國的崇高地位，而管仲曾是齊桓公的對手，且曾想殺害齊桓公。

　　其實，管仲之所以受到重用，是因桓公的師父鮑叔牙的推薦。鮑叔牙和管仲從小就是密友。原本在齊桓公繼位後，應由鮑叔牙出任宰相。但是，鮑叔牙卻對齊桓公說：「如果主君只認為當上齊君就滿足了，或許我可以勝任；如果主君想稱霸天下，那我的才能是不夠的。只有任用管仲為相，才能使主君稱霸於天下。管仲的才幹天下無人能比。」

　　鮑叔牙自己引退而力薦管仲，尤其是推薦一個該殺的敵方謀士為相，更令左右的人感到驚訝。明智的齊桓公決定公平地對待這個曾經的對手。

　　果然，管仲處事敏捷，判斷準確，在關鍵時刻總能迅速解決困難，掌控全域，最終幫助齊桓公成就了霸業。

公平地對待對手，是對對手的尊重。能給對手留餘地，也會給自己帶來益處。試想，如果齊桓公不能公平地對待管仲，而是把管仲殺害，那麼戰國策的歷史也許就會改寫了。

面對對手，不要抱有成見，應該公平對待。這能讓你從偏執中跳出來，更冷靜地看清周圍的局勢，以便更好地做出對你有利的決定，而你的公平也會給對手留下好印象，贏得對手對你的尊重。

無論對手對自己的態度怎樣，我們都應該公平地去看待他所做的事，公平地去與他競爭。俗話說：「冤家宜解不宜結。」少一個對手，就等於多了一個朋友，做起事來就會因障礙的減少而變得順利。不過化解敵意需要技巧，更需要度量。

開創「貞觀之治」的唐太宗李世民，就善於把對自己不利的人心，凝聚為對己有利的力量。巧用敵將，不僅瓦解對手，還能將他人之才為己所用。人才重要，善用對手的人才更重要。李世民破格選用人才，並從敵人營壘中選拔出賢能「委以樞要之職」，如他手下的戰將中有來自敵營的尉遲敬德、秦叔寶、程知節及屈突通等。正是由於這些良將的拼死相助，他才能奪得天下，戰勝群雄。

古往今來，得民心者得天下，得人才者得天下。玄武門之變後，有人向唐太宗李世民告發，東宮有個官員，名叫魏徵，曾經參加過李密和竇建德的起義軍。李密和竇建德失敗後，魏徵到了長安，在太子李建成手下做過事，還曾勸說李建成早點

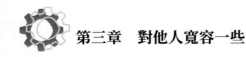
除掉當時還是秦王的李世民。

李世民聽了，立刻派人把魏徵找來。魏徵見到李世民時，李世民卻板起臉，問道：「你為什麼在我們兄弟中挑撥離間？」

左右的大臣聽李世民這樣問，以為是要算魏徵的帳，都替魏徵捏了把冷汗。但是，魏徵卻神態自若，不慌不忙地回答：「可惜那時太子沒聽我的話。不然，也不會發生這樣的事了。」

李世民聽了，覺得魏徵說話直爽，很有膽識，不但沒責怪，反而和顏悅色地說：「這已經是過去的事，就不用再提了。」

李世民即位以後，把魏徵提拔為諫議大夫，同時還選用了一批原李建成、李元吉手下的人做官。李世民重用魏徵，採納其諍諫，對「貞觀之治」有重要的作用。

在武俠小說中，我們經常會看到，兩個武功不相上下的人過招時，不管其中一方輸得有多慘，另一人都不會乘人之危，而是相約多少年後再次較量。因為勝者知道，如果現在把對手殺了，那麼雖然以後再也沒人能打過自己，但自己也失去對手了。這時，自己就變成自己的對手，是一件悲哀的事。但有些人只圖一時快意，把那個與自己不分高下的對手殺了。沒有對手了，也沒有以往的鬥志和進取心了。

給對手留餘地，是對對手的尊重，而只有尊重自己的對手，才能得到對手的尊重。一般來說，與對手之間的矛盾，可能不是單方面的原因，或許雙方都有責任。當事人如果能公平

地多從自己這方找原因，也展現了其高尚之處，而對手對其一定會深表敬意。當日後有困難時，對手也不會落井下石，這在無形中拓寬了自己前進的道路。

事實上，世界上沒有永遠的對手，也沒有絕對的對手，關鍵在於你怎麼去理解對手的意義。只要你能以寬容的心態、公平地面對對手，就能得到對手的敬重和支持。

> **人脈感悟**
>
> 對手只是相對存在，而非絕對存在的。公平地對待你的對手，其實是公平地對待自己；給對手留餘地，同樣也是幫自己留條後路。換個角度看對手，說不定他可以成為你事業中不可多得的幫手。

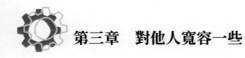

第三章　對他人寬容一些

第四章
妙語如珠成就好人脈

所謂言為心聲。人們總認為你所說的就是你所想的，哪怕你所說的並不符合實際情況。你想擁有好人脈，不妨從妙語如珠開始。

說話不要囉嗦

　　林肯（Abraham Lincoln）當律師的時候，有一次，身為被告的辯護律師出庭。原告的律師把一個簡單的論據翻來覆去地講了兩個多小時，好不容易才輪到林肯上臺辯護。林肯走上講臺，卻一言不發。他先把外衣脫下放在桌上，然後拿起水杯喝了口水，接著又重新穿上外衣，然後又喝水，此動作一連重複五六次。當時，法庭上的人都會心地笑開了，而且笑得前俯後仰。

　　南北戰爭爆發時，各報向林肯提出各式各樣莫名其妙的建議。林肯耐著性子聽完了一位紐約記者提出的冗長作戰方案後，說：「聽了你的建議，我不禁想起一個小故事。幾年前，有一個人在堪薩斯州騎馬旅行，由於人煙稀少，無路可行，他迷失了方向。更糟的是，隨著夜幕降臨，下起了可怕的雷雨。隆隆雷聲，震撼大地；道道閃電，瞬息之間照亮地面。這個失魂落魄的人，最後下了馬，借著時有時無的閃電亮光，開始步履維艱地牽馬行走。突然，一聲驚人的霹靂駭得他雙膝跪地。他呼喊道：『上帝，既然你什麼都能做到，就多賜給我們一點亮光，少點刺耳的聲音吧！』」

　　在初次來往時，如果一味地囉嗦，就會讓人反感，也就削弱了你在他人心中的地位。有人曾說過，「話猶如樹葉，在樹葉太茂盛的地方，很難見到智慧的果實。」

　　言不在多，達意則靈。講話簡練有力，能讓人興味不減；冗詞贅語，嘮叨囉嗦不得要領，必令人生厭。

有人曾問馬克・吐溫（Mark Twain）：「演講是長篇大論好，還是短小精悍好呢？」馬克・吐溫沒有正面回答，而是講了一個有趣的故事。

一個禮拜天，馬克・吐溫到教堂去，適逢一位慈善家正用令人哀憐的語言講述非洲難民的苦難生活。當慈善家講了 5 分鐘後，馬克・吐溫馬上決定對這件有意義的事捐助 50 美元，因為他已被慈善家的演講深深感動；當慈善家講了 10 分鐘後，馬克・吐溫就決定將捐款減至 25 美元，因為他覺得慈善家的演講有點言過其實；當慈善家繼續滔滔不絕講了半小時後，馬克・吐溫決定減到 5 美元，因為他認為慈善家是在編造故事；慈善家又講了一個小時後，拿起缽向大家哀求捐助，當慈善家從馬克・吐溫面前走過時，馬克・吐溫只向缽裡扔了 2 美元，因為他認為慈善家完全是利用人的同情心為自己斂財。馬克・吐溫原本決定捐助 50 美元，最後卻變成只扔下 2 美元，似乎太不近情理，但細想起來，卻是理所當然。

透過幽默的故事大家可以看出，講話還是短一點、實在一點好。長篇大論、泛泛而談容易引起聽眾的反感，效果反而不好。

有句俗語說得好，「蛤蟆從晚叫到天亮，不會引人注意；公雞只啼一聲，人們就會起身幹活。」的確，會說話的人，不一定是說最多話的人。話貴在精，多說無益。在現實生活中，說話囉嗦的人，往往覺得自己所說的含義豐富，卻意識不到這其實是自己的弱點。

談話是否受人歡迎，在於是否抓住關鍵，是否說到點上，是否能打動聽眾。對於那些空話、套話，人們會很反感，甚至覺得聽這些話是浪費生命。

　　兩個多年未見的老朋友相聚，彼此都期盼了很久。其中一個帶著自己熱情開朗的新婚妻子一起來。那位妻子從開始就獨占了整個談話，滔滔不絕，一個接一個地，說著一些自己覺得很好笑、很有趣的事。出於禮貌，兩個男人沉默地聽著，偶爾尷尬地彼此對看一眼。當他們分開時，那位妻子站在門口的臺階上揮舞著手套，興高采烈地說：「再見！」她覺得度過了一個很有意義的夜晚，認識了丈夫的朋友，還進行了一次快樂的談話。然而，兩個男人卻對老朋友分別多年後的情況仍舊一無所知，心裡抱怨著這個開朗得過分的女人，就算是她丈夫也是如此。

　　人們常問：「怎樣才能更好地表達出自己真實的思想和感情呢？」這有一個公開的祕密，所用的方法既非奇異，更非幻術，說穿了就是平凡、樸素及簡潔。

　　最會說話的人，是語言簡單明瞭的人。事實上，要真正把話說得有效能，就必須讓自己的語言簡練，能在最短時間內讓對方明白自己所說的意思。

　　在與別人交談時，其實只要能抓住關鍵點不放，說出主要的意思，就能達到效果了。

　　無論我們和什麼人說話，都要讓對方在最短時間內明白自己的意思。然而，要讓對方明白，就必須找出問題的關鍵點。滔滔不絕、出口成章，是一種「水準」，而善於概括、一語中的，也是一種「水準」，而且更為難得。

　　說話囉嗦的人，通常有以下七個典型的特徵：

1. 打斷他人談話或搶接別人的話，希望整個談話以「我」為重點。

2. 由於自己注意力分散，一再要求別人重複已經說過的話題，或自己不記得已說過的，一再重複。

3. 像傾瀉炮彈一樣連續表達自己的意見，讓人覺得過度熱心，以至於難以應付。

4. 隨便解釋某種現象，輕率地下斷言，藉以表現自己內行，然後滔滔不絕。

5. 說話不合邏輯，令人難以領會。並且，輕易地從一個話題跳到另一個話題。

6. 不適當地強調某些與主題風馬牛不相及的東西，說話東拉西扯。

7. 覺得自己說的比別人說的更有趣。

人脈感悟

語言的精髓，在精而不在多。口才最差的人，往往就是喋喋不休的人，說了一大堆，也沒有說出重點，反而還認為自己的口才很棒。

巧說化解危險

清朝的大太監李蓮英，為人機靈、巧嘴。無論在什麼場合，面對什麼人物，他都能應付自如。因此，他深得「老佛爺」慈禧太后的喜愛。同時，李蓮英也常常幫慈禧打圓場，擺脫窘境。

慈禧愛看京劇，所以她不斷召戲班子進宮演出。慈禧喜怒無常，這些戲子們都提心吊膽的。演好了，老佛爺開心了，便賞賜他們一些小玩意，以示皇恩浩蕩；演得不合老佛爺的胃口，他們時刻都有掉腦袋的危險。

一次，著名的京劇演員楊小樓率領他的戲班進宮為慈禧太后演出。這天，慈禧心情格外舒暢，看完戲後，把楊小樓喚到眼前，指著滿桌子的糕點說：「這些都賞賜給你，帶回去吧！」哪有賞賜糕點的，何況慈禧這人極為奢侈浪費，她一餐能吃 200 多道菜，可想而知那些糕點也絕不會少。

楊小樓心想：這麼多糕點，我怎麼帶回去呀？於是，楊小樓叩頭謝恩道：「叩謝老佛爺，只是這些尊貴之物，奴才不敢領，請另外恩賜。」

這話把周圍的宮女、太監都嚇壞了。按慈禧的脾氣，賞

賜你的東西你不要，還敢要求另外賞賜，這不是自己找死嗎？出乎意料，這天慈禧的心情超出一般的好，並沒有發脾氣，只是問了一句：「那你要什麼？」

楊小樓又叩頭接著道：「老佛爺洪福齊天，不知可否賜個字給奴才。」

慈禧聽了，一時高興，也想給大家露一手，便要太監筆墨紙硯伺候。只見她大筆一揮，一個碩大的福字就寫好了。讓人萬萬沒想到的是，慈禧把福字多寫了一點。慈禧身旁的一位宮女眼尖嘴快，馬上告訴慈禧：「老佛爺，福字是『示』字旁，不是『衣』字旁呀！」

楊小樓一看，確實錯了。這該怎麼辦？若拿回去，恐遭人議論，一旦傳到慈禧耳中，不知又有多少人要蒙受不白之冤。不拿呢，慈禧動怒，自己便不會有好下場。要也不是，不要也不是，楊小樓一時急得直冒冷汗。

現場氣氛一下子緊張起來。慈禧也覺得為難，確實是自己寫錯了，不想讓楊小樓拿出去丟人現眼，但自己也無法開口要拿回來重新寫。

這時，站在旁邊的李蓮英眼珠子一轉，不慌不忙地走向前，笑呵呵地說：「老佛爺洪福齊天，她老人家的『福』自然要比世人的多一『點』了。要不怎麼顯示出她老人家的高貴呢？」

楊小樓一聽馬上會意，連忙叩首道：「老佛爺，這萬人之上之福，小人怎敢領啊！」

慈禧正愁沒臺階下，聽這麼一說，也就順水推舟，笑道：「好吧，那就隔天再賜給你吧！」

就這樣，李蓮英的一句話化解了慈禧的一次窘境，也使楊小樓他們避免了一次危難。

我們天天都在說話，但是，有的人說起話來，娓娓動聽，讓周圍人聽了全身筋骨都舒暢；有的人說起話來，鋒芒銳利，令人感覺十分恐懼；有的人說起話來，無聊至極，讓人感覺無比厭惡。

說話不是件容易的事。我們天天都在說話，但並不見得各個都會說。話說得好，小則可以快樂，大則可以興國；話說得不好，小則可以招怨，大則可能喪生。

在第二次世界大戰時期，美國人把「舌頭」、原子彈及金錢稱為獲勝的三大戰略武器；進入 21 世紀後，世界各國又把「舌頭」、金錢和電腦視為經濟發展和社會進步的三大戰略武器。這個比喻雖然有點牽強，但也不無道理，起碼代表了兩個時代的主要特點。在這兩個比喻中，「舌頭」（即說話）能獨冠於三大戰略武器之首，可見，口才的力量非同小可。我們應清楚地認知到說話的重要性，進而更好地掌握「說話」這個隨身攜帶、行之有效、戰無不勝、攻無不克的「神器」。

求人辦事，說話的技巧有著不可估量的作用，恰當的言辭可以讓人獲得更大的成功。在日常生活和工作中。「請求」有各式各樣的方式，其中很大一部分需要口頭提出。舉凡有求於人者，總希望被求者樂意答應。既然這樣，提出請求也就得講

究一些技巧。不難發現，同樣的「請求」，不同的人用不同的方法表述出來，所得到的結果往往不一樣。

在求人時，從以下幾方面入手，可以帶給你很大的幫助：

- **替對方著想**：有求於人時，還要替對方想一想，你所提出的請求將會給對方造成哪些壓力，可能存在哪些困難。這些難處，你說出來比由他本人說出來好得多。「我知道這件事會給您添許多麻煩，但我沒有別的方法，只能拜託您了。」這樣說就比較容易使對方樂於為你做事。

- **禮貌不可少**：請別人幫忙時，措辭一定要講究禮貌，以表露出對別人的尊重。如果用生硬的口吻提出要求，那麼肯定會招致對方的反感。即使對方礙於情面不好拒絕，但內心肯定不快，甚至可能心生怨恨。

- **充滿自信**：有求於人時，要充滿自信，才能說服對方。

- **謙遜禮貌**：透過尊重對方的態度，表達相關請求，會顯得彬彬有禮、十分恭敬。請別人幫助，最為傳統有效的作法是盡量表示虔誠，使人家感到備受尊重，從而樂於施助。有時辦事要先把問題的難度說出來，讓人覺得你是不得已而為之。

- **語氣肯定**：每個人的自尊心都很強，很容易因某些微不足道的事而使自尊心受損。如此，會反射性地表現出拒絕的態度。因此，若要讓對方聽你說話，那麼首先得先傾聽對

方要表達什麼。所謂「說話語氣肯定」，並不是指肯定對方說話的內容，而是指留心對方容易受傷害的感受。

- **給對方承諾**：在求助時許以互利的承諾，讓對方覺得他的付出是值得的。求人時，別忘了表達願意給對方某種回報或牢記對方所提供的好處。並且，還要表示，即使不能馬上回報，也一定會在對方需要自己時鼎力相助。

- **真誠地「捧」對方**：「真誠地捧」是指恰到好處、實事求是地稱讚所求之人，並不是那種漫無邊際、讓人肉麻的吹捧。求人時，說點對方樂意聽的話，尤其就與所求之事有關的方面順便稱讚對方，也不失為一種巧妙求人的辦法。

人脈感悟

巧說是一個人智慧的反映，是影響其事業成功、人際和睦、生活幸福的重要因素，也是一種可隨身攜帶且永不過時的基本能力。人不能僅僅滿足於用嘴說話，還要善於說話。會說話實在是我們一生的資本。

說話說到點上

　　小唐在一家家電公司當推銷員。他在一整份潛在客戶中選擇韋興先生作為他的重點客戶。他和韋先生通了多次電話，但效果都不大。於是，小唐向韋先生提出登門拜訪，韋

先生同意了。

一到韋先生的家裡，小唐就發現韋先生是個非常喜歡古董的人，他的整個客廳都擺滿了各式的古董和字畫。小唐決定透過這個話題開始他們之間的談話。

於是，小唐一進門就稱讚：「韋先生的客廳布置得真文雅，不知道還以為是書房呢！」

韋先生聽後連忙說：「人一上年紀就喜歡弄字畫古董什麼的，對新鮮的東西不感興趣了。」

小唐環顧四周笑答：「不瞞韋先生說，我也非常喜歡書法，這些都是中華文明藝術的瑰寶，承載了幾千年的文明歷史呢！」

「哦？你也喜歡書法？那你覺得這幅字怎麼樣？」

「嗯，這幅字蒼勁有力，筆觸豪放，可以看出作者當時的心情一定是意氣風發。」

「呵，小唐啊，好眼力。這是我當年創建這家公司時寫的作品。雖然當時公司創建初期遇到很多困難，但因為我經常練毛筆字，平靜心情，度過一個又一個難關。因此，才有了現在的一切。」

小唐用崇拜和讚賞的目光看著韋先生，嘴裡連聲讚嘆。韋先生又對小唐說：「年輕人，像你這樣的年紀能夠喜歡書法真是難得，你要堅持這個愛好，對你很有幫助。」

兩個人談得非常投機，小唐看天色不早了，就對韋先生說：「時間不早了，我就先告辭了，這是我們公司的產品介紹，改天有機會我再登門向您討教。」說完就禮貌地離開了。

因為小唐這次的表現給韋先生留下好感，所以不久後韋先生就購買了他的產品，用了一段時間覺得不錯，又向小唐介紹了幾個他的朋友。

　　俗話說：「話不投機半句多。」這說明說話不但要因人而異，而且要講究語言藝術，話要說到點上。不然，就是說一千，道一萬，也是枉然。

　　常言道：「牽牛要牽牛鼻子。」說話也是這樣。只要能抓住重點，牽住牛鼻子，問題就能迎刃而解，哪怕是一個三四歲的小孩，也能牽動一頭大公牛。相反的，如果牽牛尾巴，就算是十個大人也難牽動牠。

　　在實際工作中，有些人說話就是抓不到重點，遇到問題，不是空話、廢話一大堆，就是以其昏昏，使人昭昭，胡亂攪和，到頭來不但沒什麼效果，且浪費時間。

　　話要說到點上，牽牛要牽牛鼻子。只有抓住重點、抓住要害，落實到點子上，才能見效果，產出效益。

　　森林王國獅子大王決定選一個大臣當親信，狐狸和狼成為最佳的候選人。

　　狼先毛遂自薦：「大王，您的親信一定要非常勇敢，才能保護您的安全，這一點我可比狐狸厲害得多。」

　　狐狸對獅子說：「獅子大王這麼強大，還需要狼的保護嗎？」

　　獅子覺得狐狸說得有理，對狼說：「我需要的是謀略能力，而狐狸更聰明。」

　　結果，當然是狐狸當了親信大臣。狼競選失敗在於說話沒有說到重點，而狐狸卻善於捕捉獅子的內心，一語中的，讓獅子自己說服自己。由此可見，狐狸的當選就不足為奇了。

　　在生活中，我們經常看到，有的人習慣喋喋不休、滔滔不絕，但又詞不達意、語無倫次，讓人聽而生厭；還有人喜歡誇大其詞、侃侃而談，說話不留餘地、沒有分寸。這都容易造成畫蛇添足的惡果。

　　發言者愛講長話，一種是為了彰顯水準，以為話說得越多，水準就越高，於是便借助嘴功顯才能；另一種是有講長話的空間，大多會議對發言者沒有時間限制，想講多長就講多長。

　　口才好當然重要，但不能毫無節制地亂發揮。若沒有說到重點，等於白說，說得再多也沒用。因此，話不在多，而在於精。再說，一個人水準的高低在於工作業績的表現，與講話的長短並無直接關聯。有話則長，無話則短。

　　怎樣才能說到重點呢？說話者既要圍繞中心，又要有很強的說服力、親和力、感染力。要學會說真心的話、現實的話、感人的話、公平的話，忌說官話、空話、粗話，始終做到言之有據、言之有理、言之有情、言之得當。

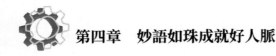

人脈感悟

話不在多，點到就行。在生活節奏緊張、快速的現代社會李，沒有人願意花費大量時間去聽你的長篇大論。這就要求你在談話時做到言簡意賅、一針見血。

在什麼場合說什麼話

乾隆時期有名的大臣劉墉，能力強、有原則，溝通很機靈，讓乾隆皇帝不寵愛他都不行。

有一次，劉墉陪乾隆皇帝聊天。乾隆很感慨地說：「唉！時間過得真快，就快成為老人家嘍！」

劉墉看皇帝一臉感傷，於是說：「皇上您還年輕哩！」

「我今年 45 歲，屬馬的，不年輕啦！」乾隆搖搖頭，接著看了一眼劉墉問，「你今年多大歲數啦？」

劉墉畢恭畢敬地回答：「回皇上，我今年 45 歲，是屬驢的。」

乾隆聽了覺得很奇怪，於是問：「我 45 歲屬馬，你 45 歲怎麼會屬驢呢？」

「回皇上，皇上屬馬，為臣怎敢也屬馬呢？只好屬驢嘍！」劉墉似笑非笑地回答。

「好個伶牙俐齒的劉墉！」乾隆撫掌大笑，一臉的陰霾盡失。

在什麼場合說什麼話，就是在告訴我們，談話時要盡量使用對方認同的語言，談論對方熟悉和關心的話題，且也要視當下的具體情況靈活應變，以便在迎合對方心理的同時，也贏得對方的好感。因為，唯有贏得對方的好感，才有可能得到我們想獲得的人脈，而這也是成就大事的一種技巧。

良好的談吐可以助人成功，差勁的談吐則令人障礙重重。在日常生活中，我們周圍有各式各樣的人，有口若懸河的，有不知所云的，有談吐雋永的，有語言乾癟的……。人的口才能力有高低之分，說話的效果也是天壤之別。因此，想要在說話上成為高手，做到在什麼場合說什麼話，就必須掌握其中的奧祕。

話總是說給別人聽的，至於說得好不好、是否說到心坎裡，不僅要看說話者是否能夠適當地表達自己的思想和情感，還要看別人能不能理解並且樂於接受。

話說得好壞，主要取決於說話者的思想水準、文化修養以及道德情操，但講究語言藝術也同樣十分重要。一樣的意思，從不同人的嘴裡說出來，效果就會不同。

說話前，必須先想想，你要對誰講，要講些什麼，為什麼要講這些內容，怎麼講，有什麼有利因素和不利因素等。

- **自己人的場合和有外人的場合**：我國文化傳統一向是內外有別的。對自己人「關起門來談話」，可以無話不談，且

什麼事都好辦。而對外人，總懷有戒心，「逢人只說三分話，未可全拋一片心。」因此，遵循內外有別的談話界限，社會上認為是得體的。一旦違反這一界限，就會被認為是「亂放炮」，說話不得體。

- **正式場合與非正式場合**：在正式場合，說話應嚴肅認真，事前要有所準備，不能胡言亂語；而在非正式場合，便可隨意一點，像話家常一樣，以便情感交流。有些人說話文謅謅，有些人講話俗不可耐……這些都是沒有掌握好正式場合與非正式場合的界限所導致。

- **莊重的場合與隨便的場合**：「我專程來看你」，顯得很莊重；「我順便來看你」，有點隨便的感覺，可以減輕對方負擔。可是，在莊重的場合說「我順便來看你」就顯得不夠認真、嚴肅，會給聽話者蒙上一層陰影。在日常生活中，明明是「順便來看你」，偏偏說成是「專程來看你」，有點小題大做，也讓對方增加心理負擔。

- **適合多說的場合與適合少說的場合**：對方很忙，時間很緊，跟他說話就得簡明扼要。如果與他談笑風生、海闊天空，主觀而言是好的，但不符客觀要求，效果便不好。

失火了，你看見後應該立即呼救，等火被撲滅後，再向員警報告你發現的可疑線索。如果先跑過去向員警慢條斯理報告失火原因，等報告完，火勢早已蔓延開來。

- **喜慶的場合與悲傷的場合**：一般來說，說話應與場合中的氣氛協調。在別人辦喜事時，千萬不能說悲傷的話；在人家悲傷時，你說些搞笑的話，甚至哼唱歌曲，別人會認為你太不懂事了。

人脈感悟

在人際交往中，不同的場合要採取與之相應的語言形式，否則就達不到交際的目的。因此，一個受社會歡迎的人，應該做到說話看場合，即在什麼場合說什麼話。

恰當使用善意的謊言

雨果的不朽名著《悲慘世界》的主角尚萬強本是一個勤勞、正直、善良的人，但窮途潦倒，度日艱難。為了不讓家人挨餓，迫於無奈，他偷了一個麵包，但被當場抓獲，並被判定為「小偷」，而鋃鐺入獄。

出獄後，他到處找不到工作，飽受世間的冷落與恥笑。此後，他真的成為小偷，每天做順手牽羊、偷雞摸狗的事。員警一直都在追蹤他，想方設法要拿到他犯罪的證據，以把他再次送進監獄，然而他卻憑藉自己的機敏，一次又一次逃脫了。

在一個風雪交加的夜晚，他饑寒交迫，昏倒在路邊，被一個好心的神父救起。神父把他帶回教堂，但他卻在神父睡

著後，把神父房間裡的所有銀器席捲一空。因為，他已認定自己是壞人，就應該做壞事。不料，在逃跑途中，被員警逮個正著。

當員警押著尚萬強來到教堂，讓神父辨認失竊物品時，尚萬強絕望地想：「完了，我這輩子只能在監獄裡度過了！」誰知神父卻溫和地對員警說：「這些銀器是我送他的。他走得太急，還有一件更名貴的銀燭臺忘記拿，我這就去拿過來！」

神父的舉動讓尚萬強的心靈受到巨大的震撼。員警走後，神父對尚萬強說：「過去的就讓它過去，重新開始吧！」

從此，尚萬強洗心革面，重新做人。他搬到一個新地方，努力工作，積極向上。後來，他獲得成功。並且畢生都在救濟窮人，做大量對社會有益的事。

善意的謊言與因不可告人的目的而編造的謊言不同，兩者有著本質的區別。那種心術不正、編造謊言的人遲早會搬石頭砸自己的腳；而恰當使用善意謊言的人則能倍添其人格魅力，讓人們更愛他、敬他。

善意的謊言是美麗的，這種謊言不是欺騙，也不是居心叵測。當我們為了他人的幸福和希望，適度地說一些謊言時，這些謊言即變成他人的理解、尊重及寬容，並且具有神奇的力量，而沒有任何的不純潔。

善意的謊言是出於美好願望的謊言，是人生的滋養品，也是信念的原動力。它讓人從心裡燃起希望之火，也讓人確信世

界上有愛、有信任、有感動。

善意的謊言能讓人找到用笑面對生活的理由。善意的謊言，賦予人類靈性，展現情感的細膩和思想的成熟，促使人堅強執著，不由自主地去努力、去爭取，從而戰勝脆弱，絕處逢生。

善意的謊言能讓一個患有絕症的病人絕處逢生，能給予別人一絲絲的希望。善意的謊言讓人重拾自信，有時還能救活一個即將精神崩潰的人。

善意的謊言是出於善良的動機，以維護他人利益為目的和出發點。善意的謊言本身的性質決定它並非惡意，是建立在內心至誠至善的基礎上；而惡意的謊言是為說謊者謀取利益，以強烈的利欲和薄弱的理性，僅把他人當作手段，不惜傷害他人的行為。兩者誰更能獲得良好的人脈關係不言自明。

本性善良的人在某種狀態下「被逼」說出的謊言是善意的，這種謊言是一種友善，也是一種關心。而心術不正的人，不管如何偽裝，如何花言巧語，如何絞盡腦汁為自己惡意的謊言冠上善意的高帽，其所說的謊言都帶有惡意目的。

誠實要看什麼時間、什麼地點、面對什麼人以及講述什麼事情。俗話說：「適當的謊言是權宜之計。」在某些場合還是有必要說謊的。謊言不一定都是壞話。人與人之間，有時善意的謊言和假象更能促進友情和愛情的發展，這種例子隨處可見。

人生的道路不平坦，逆境常多於順境。身處逆境，面對不幸，當事者不僅需要堅強，還需要別人的勸慰。及時送上真誠

的安慰，必要時說幾句善意的謊言，就像雪中送炭，能給不幸者溫暖、光明及力量。比如，對身患絕症的病人，只能把病情如實告訴其家屬，而對本人，則應重病輕說。如果善意的謊言喚起他對生活的熱愛，增強他對病魔鬥爭的意志，就有可能使其生命延續得更長久，甚至戰勝死神。

善意的謊言，其用心當然也是善良的，是為了減輕不幸者的精神痛苦，幫助其重振生活的勇氣。即使此人日後明白真相，也只會感激，而不會埋怨。即使當時半信半疑，甚至明知是謊言，通情達理者仍會感到溫暖和寬慰。明知會加重對方的痛苦，但仍要實言相告，即使不算壞話，也應該算是蠢話。

在日常生活中，人們離不開善意的謊言。有時，我們不得不說謊。在一些非常時刻，甚至只有說謊，事情的結果才會圓滿。謊言終究是謊言，不值得我們推崇，但善意的謊言是出於善良的動機，以維護他人利益為目的和出發點。

善意的謊言多種多樣，但應該具備以下幾個要點：

- **真實**：善意的謊言是無法真實時的一種真實。當無法表露真實意圖時，人們就會選擇一種模糊不清的語言來表達。比如，一位女孩穿著新買的時裝，問朋友是否漂亮，但朋友覺得實在難看時，就可以模糊作答：「還好」。「還好」是什麼意思？是不太好或是還可以？這就是善意謊言中的真實，它不同於違心而發的奉承和諂媚。

- **合情合理**：合情合理是善意的謊言得以存在的重要前提。許多善意的謊言明顯是與事實不符的，但因為它合乎情理，而同樣也能展現人們的善良和愛心。
- **必須**：「必須」指許多善意的謊言非說不可。這種必須有時是出於禮儀。比如，當一個人應邀去參加慶祝活動前遇到不愉快的事，他必須把悲傷和惱怒掩蓋起來，帶著笑意投入到歡樂的場合。這種掩蓋是為了禮儀的需要，應加以讚許。

人脈感悟

善意的謊言是一種處世的方式，也是一種替人著想的品格。善意的謊言就像生活中的潤滑劑，在適當時說出，飽含真誠和甜蜜，能讓「說謊者」與「被騙者」均感歡欣。

說話要替自己留餘地

一天中午，司華伯偶然走進自己的一家鋼鐵廠，看到幾個工人在抽菸，那些工人頭頂的牆上正懸掛著一面「禁止吸菸」的牌子。

司華伯並沒有指著那面牌子向工人說：「你們是不是不認識字？」而是走到那些工人面前，拿出菸盒，給他們每人一支雪茄，並且說：「嗨，弟兄們，不用謝我給你們雪茄；假如你們能到外面抽菸，我就更高興了。」

那些工人們知道自己犯錯了，同時也很欽佩司華伯，不

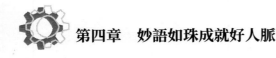

但沒有責備他們，還給他們每人一支雪茄，這讓他們感覺自己被人尊重。

　　從此以後，再也沒有工人在廠內吸菸了。

　　把話說得太滿，並不能跟自信畫上等號。話說七分滿，反而是一種謙虛的人生哲學。從一個人說話的態度，可以看出他的自信。而真正有自信的人，懂得謙卑，不會把話說得太滿。

　　說話留有空間，不把話說得太滿、太絕，是處理人脈關係的一種策略。

　　公司新開發某專案，經理將此事交給下屬小張，問他：「有沒有問題？」小張拍胸脯回答說：「沒問題，放心吧！」但過了三天，沒有任何動靜。經理問小張進度如何，他才老實說：「不像想像中那麼簡單！」雖然，經理同意他繼續努力，但對他的拍胸脯已有些反感。

　　這是把話說得太滿而讓自己窘迫的例子。在做事上，對別人的請託，我們可以答應接受，但不要「保證」，應改成「我盡量，我試試看」等字眼。上司交辦的事，我們當然應該接受，但不要說「保證沒問題」，應以「應該沒問題，我全力以赴」之類的字眼代替。這是為了萬一做不到而留的後路，且這樣說事實上也無損誠意，反而更顯出你的謹慎，別人會因此更信賴你。即便事沒做好，也不會責怪你。

　　在做人方面，與人交往時，如果出現意見分歧，不要口出狂言，更不要說出「勢不兩立」之類的話。不管誰對誰錯，

最好是閉口不言，以便他日需要攜手合作時還有「面子」。尤其應該注意的是，對別人不要太早下結論，像「這個人完蛋了」、「這個人一輩子沒出息」之類蓋棺論定的話最好不要說。

說話不留餘地等於不給自己退路，要麼成功、要麼失敗的簡單邏輯已不適合複雜多變的社會。為此付出的代價，有時是你無法承受的。因此，與其跟自己較勁，不如改變說話方式，多用一些不確定的語言，讓自己留有餘地。

用不確定的詞句通常可降低人們的期望值。若不能順利完成任務，人們因對你期望不高而能用諒解代替不滿，還會因此而看到你的努力，不會全部抹殺你的成績。倘若能出色地完成任務，人們往往會喜出望外，這種增值的喜悅會帶給你很多好處。

人生一世，萬萬不可讓某事物順著某固定方向發展到極端，而應在發展過程中充分認知其各種可能性，以便有足夠的條件和迴旋餘地，採取機動的應付措施。留餘地，就是不把事情說死，不把事情做到極點，於情不偏激，於理不過頭。這樣，才得以最完美無缺的保全自己。

人與人交往，原本沒有那麼多矛盾糾葛，往往只因有人逞一時之快，說話不多考慮，隻言片語傷害了別人的自尊。在社交過程中，以尖酸刻薄之言諷刺別人，只圖一時嘴巴痛快，會給自己待來意想不到的災禍。

想要厚結人緣，說話時一定要嘴下留情。驕傲自大、尖酸刻薄，最易傷人；謙恭待人、至誠至深，才能得到友誼。

在某些場合說話懂得「話不說滿，模糊表態」，不讓他人留話柄，可以讓你在一些複雜的、困難的以及尷尬的局面中為自己留條後路。

　　所謂「話不說滿，模糊表態」，是指採取恰當的方式、巧妙的語言，對別人的請求或意見作出間接的、含蓄的、靈活的表態。其特點就是不直截了當地表明態度，避免最後事與願違的尷尬和責任的承擔。

　　「話不說滿」就是給自己留轉圜的餘地。有些問題需要進一步了解事實真相，待看事態發展及周圍形勢變化後，才可拿出主意。當別人徵求你的意見，在闡述想法的同時，一定要注意「話不說滿」，千萬別忘記加上一句，「這僅僅是我個人的想法，還要看上級的最終決策。」這樣不僅表達了看法，還達到留餘地的目的。

　　有時，「話不說滿」還可作為拒絕別人的最佳方法，既留給對方面子，也不會讓自己為難。

　　當有人要求你解決或答覆問題時，他的內心一定寄予厚望，希望事情能如願以償，圓滿解決。若突遭生硬的拒絕，由於缺乏必要的心理準備，則很可能因過分失望或悲傷，心理難以平衡，情緒難以穩定，而產生偏激言行，有礙於人際交往。反之，若話不說滿，一切都尚未完全說死，則能使他感到事情並非毫無希望，也許經過更多的努力或過段時間機會就會降臨，事情也會往好的方向轉變。

人脈感悟

對比自己強的人，有的人心理極不平衡，就貶損人家。然而，貶損他人、抬高自己這種缺乏道德的行為，只會讓自己失盡人心。只有嘴下留情的人，才能在人際交往錯綜複雜的今天，獲得大家的認可，從而獲得好人緣。

委婉表達得人緣

兩度競爭總統均敗在艾森豪（Dwight David Eisenhower）手下的史蒂文森（Adlai Ewing Stevenson II），從未失去過含蓄的風度。在第一次榮獲提名競爭總統時，他承認自己的確受寵若驚，並打趣說：「我想得意洋洋不會傷害任何人，也就是說，只要人不吸入這空氣的話。」

在第一次競選敗給艾森豪的那天早晨，他以充滿幽默的口吻，在門口歡迎記者進來：「進來吧，來給烤麵包『驗驗屍』。」

幾年後某天，史蒂文森應邀到餐會上演講。可是，他在路上因閱兵行列的經過而耽擱，到達會場時遲到了。他表示歉意，並解釋：「軍隊英雄老是擋我的路。」

史蒂文森使用巧妙含蓄的語言，一句句輕鬆、微妙的俏皮話，改變了他在人們心中的形象，使聽眾感到他並不是一個失敗者。就算沒有當選總統，他依然是個贏家。

做人固然要直率，但並不意味說話都要直言。不適當的直言如同反面說話，是種消極和否定的語言暗示，不是讓人牴觸反感，就是使人顧慮重重，增加心理壓力；而恰當得體的委婉說話，則是一種積極的語言暗示，不會使人反感也不會增加心理壓力。

如果醫生幫人看病，遇到病情較嚴重而又診治不了的病人，就直言道：「你怎麼這麼瘦啊？臉色也很難看！」「你知道你的病已經到什麼地步了嗎？」「哎呀！你是怎麼搞的？你這個病為什麼不早點來看呢！」這些說法所包含的消極暗示會讓病人怎麼想呢？身為醫生，這是治病還是致病呢？反之，如果醫生說：「幸好你及時來看病，只要你按時吃藥，多注意休息，放下思想負擔，相信你很快就會好起來的。」這將給病人很大的鼓舞。

在言談中，能駕馭語言的人，就會自如地運用多種委婉的表達方式。他們知道，生活中並非處處都能「直」，有時還非得含蓄、委婉些，才能達到最佳的表達效果。

「球王」馬拉度納（Diego Maradona）在綠茵場上的超凡技藝不僅令萬千觀眾心醉，還常使場上對手叫絕。當他舉起大力神杯時，有人問他：「你哪場球踢得最好？」馬拉度納笑笑回答：「下一場。」

委婉的說話方式，即在講話時不直抒本意，而是用委婉之

詞加以烘托或暗示，讓人思而得之。越揣摩，似乎含義越深越多，因而也就越有吸引力和感染力。

妻子買了一塊布，徵求丈夫的意見。丈夫覺得妻子用這塊布做成衣服穿不太合適。如果丈夫不尊重體貼妻子，就會直接批評說：「妳的審美觀真有問題，一把年紀了還穿這麼鮮豔的衣服，豈不成老妖婆了？」這樣生硬、貶低的話必定會傷害妻子的自尊心。如果丈夫尊重體諒妻子，就會把否定的意見說得委婉得體，給予暗示：「還不錯，顏色很鮮豔，給女兒做衣服會很漂亮。」

委婉的說話方式是處事時的一種「緩衝」方法。委婉的說話方式能讓本來也許是困難的交往，變得順利，讓聽者在比較舒坦的氛圍中接受資訊。因此，有人稱「委婉」是處事語言中的「軟化」藝術。但是，用委婉的說話方式，要注意避免晦澀艱深。談話的目的是要讓人聽懂，若一味追求奇巧，就會使人丈二金剛摸不著頭腦，甚至造成誤解，從而影響表達效果。

委婉說話不僅是一種策略，還是一門藝術。含蓄委婉地說話，正是待人真誠的表現。身為一個現代人，應當有這種文明意識，掌握這一有利於人際交往的語言表達方式。

當然，委婉含蓄並不等於晦澀難懂。它的表現技巧首先建立在讓人聽懂的基礎上，同時要注意使用範圍。如果說話晦澀難懂，便沒有委婉含蓄可言；如果使用委婉含蓄卻不分場合，則也可能引起不良後果。

在社交中，委婉含蓄是一種口才魅力。在人與人隨意的交談中，含蓄大有講究。在某種意義上，含蓄是語言的藝術。正所謂「曲徑通幽」，意藏在暗處，就是對話時不直截了當，而是從側面切入，暗中點明自己要說的主要含義，話說在明處，而含義卻藏在暗處。

　　委婉含蓄的說話更勝口若懸河。當你很想表達一種內心的願望，但又難以啟齒時，不妨使用含蓄的表達方法，有時要比把話說在明處更能達到正確表達的目的，收到令人滿意的效果。

　　小孫到同事家求同事幫忙辦事。同事熱情招待，很有禮貌地端茶倒水。小孫辦完事後，竟然與同事高談闊論起來。天色已經很晚了，同事的孩子還要早點休息，同事的太太也很疲倦了。但是，小孫此時談興正酣。同事不好直接請客人出門，怎麼辦呢？

　　同事便到客房收拾一下，然後回到房間對妻子說：「人家這麼晚來找我，你快點想個辦法，別讓人家這樣等著。」然後，又對小孫說：「你再喝杯茶吧！」

　　這時，小孫聽到同事的話，很識相地聽出弦外之音，馬上告辭了。

　　同事把自己的意思曲折地表達出來，既尊重客人，不至於讓他難堪，又不需直接說出本人的想法。表面上是為客人說話，實際上卻傳達另一個含義。

　　這種因情因勢的表達，既得體，又達到自己的目的。在多數人的正常理解中，說話本應準確、清楚，但在語言的實際運用裡，許多話是不必說清楚的。具備某種含蓄，反而能讓語言表達更有魅力。

　　委婉含蓄有時還能幫我們避開尷尬。巧妙地運用，看起來是輕描淡寫，但實際上卻說出了問題的關鍵。邱吉爾說過一句最讓人難忘的話，「英國在許多戰役中都是注定要被打敗的，除了最後一仗。」這既表明了英國的力量，也表明了委婉含蓄的力量。

人脈感悟

說話不一定要直來直去，委婉含蓄地表達，不僅容易讓人接受，還可深得人心。話說在明處，意藏在暗處，猶如春風襲人，人人都愛聽。學會含蓄，懂得委婉，可增強你的交際能力。

學會硬話軟說

　　何群到國外出差，路過上海時，在街頭小攤買了幾件衣服，老闆是一個女孩。付款時，何群發現剛剛還在身上的幾百美元不見了。地攤只有他和那個女孩兩人，明知與女孩有關，但他沒有抓到把柄。如果貿然提及此事，那麼女孩會翻臉說他誣陷人。

這種情況下，何群沒有和她來「硬」的，而是壓低聲音，小聲地說：「女孩，我一口氣光顧妳幾百元的生意，妳怎能這樣對待我呢？妳在這個熱鬧的街道擺攤，一個月收入也不少，我想你絕對看不上那幾張美元的。再說，妳們做生意的，信譽很重要啊！」

　　何群見女孩似有所動，又懇求道：「人家託我買東西，好不容易換一點美元。如果丟了，我真沒辦法交代。你就幫我仔細找找吧，或許忙亂中掉到衣服裡去了。我知道，你們私人小攤販是能體諒人的。」

　　女孩終於被說動，跟著臺階下，在衣服堆裡摸出了美元，不好意思地交給何群。

　　說「軟」話會讓對方覺得自己是在吃糖，心裡甜甜的。何群的一番至情至理的言辭，不但讓幾百美元失而復得，而且還挽救一個幾乎快淪為小偷的年輕人。

　　說軟話，辦硬事。說軟話，指的是一種語言修養，也是一種做人的心態，說話和藹可親，不張揚、不張狂；辦硬事，指的是有主見、有原則，該辦的事鍥而不捨，想盡辦法。

　　很多時候，事情的成功就在於語言的藝術。官場或商場上的成功者多是說話謙虛，說得讓你很容易接受的人；而那些失敗者多是有好話沒軟話，語氣、語調盛氣凌人，讓人有討厭與他接觸的感覺。

　　說軟話好像與歷來歌頌和提倡的忠厚老實、誠懇真摯的道德習俗不相符。但是，大家不得不注意，隨著人際交往的頻繁，重

視人與人之間的交流包括運用語言的技巧已成為一門必修課。

其實，說話離不開做事，做事也離不開說話。即使這樣，大家一定也注意到，說的到不一定做的到，做的到也不一定說的到。那麼，拋開有意的、甚至品行不端造成的欺騙外，說話和做事有什麼差別呢？大家又應該怎麼認知這個問題呢？

誰都想與謙和者共事。你與周圍的人有了良好的溝通基礎，當遇到不講理，你就有話好好說，當然原則不能變。軟話替你贏得了公眾的理解與支持，那你就成功一半了。

任何成功都不是「說硬話」說出來，或是「做軟事」做出來的。說硬話做軟事的人，必是淺薄而沒出息的，終究「硬」不起來；而說軟話辦硬事的人才能達成事情。

俗話說：「是人抵不過三句好話。」由此可見，說話也有它獨到的技巧，說得好自有其無窮的語言魅力。形容人有三寸不爛之舌，或者鼓舌如簧，都是指說話，但都帶點貶義在裡面。

有時，人難免因一時糊塗做一些不適當的事。遇到這種情況，就需要掌控指責別人的分寸。能適當地說幾句軟話，就可化解對方的難堪，既能指出對方的錯誤，又能留給對方面子，從而避免破壞交往的氣氛和基礎，可消除可能嚴重的後果。

硬話「軟」說的形式有很多種。在很多時候，要想說服人，說軟話會比說硬話效果好。然而，說軟話並不是低聲下氣地哀求，而是一種「智鬥」，一種心理交鋒。透過說軟話，啟發、開導及暗示對方，並讓對方按照你的意思行事。

人脈感悟

現實生活中，人們普遍存在吃軟不吃硬的心態。你很有主見，性格剛烈，說不定對方比你更硬。如果你說了「硬」話，以命令的口吻，對方不一定會理睬；如果你來「軟」的，對方反倒會產生同情心，縱使自己為難，也會順從你的要求。

第五章
做人優先於做事

為什麼有些人做事兢兢業業，卻一直沒有什麼大作為？為什麼有些人表面上無所事事，總是與別人東扯西扯，卻仍然能夠成就非凡？這都是因為做人優先於做事，只有做好了人，才有可能做好事。

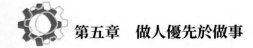

貪小便宜吃大虧

　　何明飛是個剛畢業的大學生，專業知識很豐富，可是求職卻一直不順利。萬般無奈下，何明飛請自己的叔叔向當地一家知名化工企業的老闆介紹自己，看能不能找到一份工作。

　　過幾天，何明飛的叔叔打電話給他，說：「我正在一家酒店和化工企業的老闆喝酒，你趕快過來跟老闆見個面，老闆現在也需要這樣的專業人才，只要過了老闆的法眼，工作這事就算定下來了。」

　　何明飛非常高興，打扮整齊，匆忙的趕到酒店，和叔叔、老闆一起就座。老闆問了幾個化工方面的專業問題。何明飛胸有成竹，對答如流。老闆很高興，又點了一瓶酒，三個人喝了起來。

　　宴會結束後，何明飛得意洋洋地等公司的電話，可是一直等不到。何明飛等不及，打電話給叔叔，問什麼時候去上班。叔叔告訴他這件事沒希望了，老闆不願意僱用他。

　　「不願意僱用？喝酒那天不是說得好好的嗎？」何明飛傻住了。

　　「這還不全怪你自己！」叔叔氣沖沖地說，「還記得最後點的那瓶酒嗎？」

　　「記得，可我也沒因喝多而失態啊？」何明飛好奇地問。

　　「那瓶酒的酒盒裡放著一個禮品打火機，是不是你拿走的？」叔叔問。

　　何明飛點了點頭，說：「那個打火機也不是什麼精品，根本就不值錢。他一個大老闆怎麼會缺這種東西？所以我就拿了。」

　　「問題就出在這裡！」叔叔說，「老闆說你這個人學問還可以，但就是太貪小便宜了。打火機一拿出來，你的眼睛就沒離開過它。你又不抽菸，也沒收集打火機，但對打火機卻那麼專注，說明你是個貪小便宜的人。貪小便宜的人，他不敢用，因為萬一將來別人給你點小恩小惠，沒有人敢保證你不會背叛公司。」

　　要有良好的人際關係，就必須獲得良好的信譽。國外有句名言說得好，「好名聲勝過十萬黃金。」可是，人們常常忘記樹立自己的良好信譽，因一些蠅頭小利損害原本和諧的局面，到頭來得不償失。

　　貪小便宜吃大虧的例子屢見不鮮。在現代社會，有很多詐騙案都是利用貪小便宜心態成功的。比如，有人在火車站旁撿到手機，剛要放進包裡，旁邊有人過來說：「我也看到這手機了，應該也有份。」正為難時，那個人又說：「我不跟你拿手機了，你給我二千元吧，那手機至少價值一萬多。」這人連忙把錢給他，但後來卻發現這手機只是一個模型，根本無法使用，才後悔上當了。

　　這樣的騙術在生活中最為常見，但卻非常有用。因為，此騙術巧妙地利用了人的貪婪心。你要克制自己的貪心，不管是

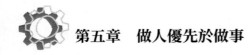

萬貫錢財，還是蠅頭小利，都不要用違反道德或法律的方法去占有。去除貪心，你的人生就能躲過很多陷阱。

在傳統觀念裡，逢光必沾、斤斤計較、愛貪小便宜的人是不受歡迎的，從這則小笑話裡就可以看得出來。

甲在回家的路上遇到下雨，就找乙借傘。乙雖捨不得，但又不好意思不借，等甲走後，隨後就追了過去。

甲知道乙小心眼，到家後就把雨傘撐開，好盡快晾乾，不料正好被來討傘的乙看到。乙非常生氣，以為甲在過度使用他的雨傘，又不方便直接動怒，靈機一動，想起甲家有一雙釘鞋，於是提出要借。

甲很爽快地借給他。乙穿著釘鞋專挑泥濘的路走，到家後也不脫下來，睡覺的時候穿著釘鞋就鑽進被窩。早起一看，鞋釘被磨得光亮，但自己的被子卻變成抹布了。

假如我們也像笑話中的乙那樣，那麼最終受損的還是自己。跟熱情豪爽、開朗大方的人交往是種享受；而跟斤斤計較、見錢眼開的人交往則是一種痛苦。愛貪小便宜的人在專業知識上也許有過人之處，也未必品德敗壞，但這種過分追求個人利益的表現在強調團隊、強調合作精神的今天，是沒有太大作用的。

比如，我們到街上買菜，常遇到菜販主動「去零頭」。不用你說，菜販自己就這麼做了，菜販不聰明嗎？不，他是覺得就算去掉零頭，自己也有錢賺，才主動提出的。這麼做的原因有兩個。一是，菜販希望你能成為他的長期客人，和你建立長

期的供需關係；二是，菜販在秤裡動了手腳，希望你在高興之餘忽視他的伎倆。對於後面這種情況，我們當然要和他斤斤計較，但從菜販「去零頭」的角度來看，他們都知道稍微大方一點更容易達到自己的目的。

我們要時刻提醒自己，不要做一個斤斤計較、貪小便宜的人。貪小便宜，看到的只是眼前的利益，沒有看到不遠處那片原本可以屬於自己的大森林。在人脈關係上，因為利益關係，貪小便宜的人會不自覺地把自己孤立起來，使自己的路越走越窄。

當然，我們並不贊成不顧及個人能力的「大方」，尤其在自己合法權益受到侵害時，保護個人合法權益不受侵害是每個人的權利。

要使自己的人脈更加優質，還有一個需要注意的問題，就是該怎麼與斤斤計較、愛貪小便宜的人來往？我們自己不是這種人，但這並不保證你在社交過程中不會和那樣的人打交道。

對於這樣的人，如果我們必須把他們加入人脈資源庫中的話，那麼他們應該屬於一般朋友而非重要朋友，甚至我們可以單列出一類，即需要特別謹慎對待的朋友。因為，他們時時刻刻都有可能為自己的利益而拋棄你。你需要經常關心他們目前的狀態。有些人在經歷一系列的碰壁後，會幡然醒悟，這樣你就可以把他加入優質人脈裡去；而有的人會在偏離的道路上越走越遠，最好的解決方法是把他從你的資源庫中刪除。

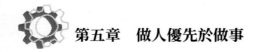 **第五章　做人優先於做事**

大方而不追求奢華，認真而不計較小利，以他人幫助我們的心去幫助他人，樂於把有限的資源和大家共用，你才能擁有一棵根深葉茂的人脈之樹。

> **人脈感悟**
>
> 愛貪小便宜的人一般都沒什麼朋友，因為這樣的人與他人相處，總覺得對方在占自己便宜。那些大方的人，常目光遠大，且懂得「有捨才有得」的道理。

不要過於感情用事

邁克斯是英國西南小鎮的一名員警。一天晚上，他身著便裝到街上巡邏。路過菸草店時，準備進去買包香菸。這時，一個叫莫雷的流浪漢向他討菸抽，而邁克斯說他正要去買。這時，莫雷認為邁克斯買了菸後會給他一支。

當邁克斯出來時，莫雷仍纏著他討菸，邁克斯不給，於是兩人發生爭執。隨著互相呵斥和辱罵越來越激烈，兩人情緒都控制不住了。邁克斯掏出警官證和手銬，說：「你給我老實點，否則警局見。」莫雷毫不示弱：「你這個混蛋員警，難道要把我關起來嗎？」在情緒激動下，二人動手打了起來。旁邊的人趕緊將他們拉開，勸他們不要再爭吵。

莫雷仍不能平復情緒，往附近一條小路走去。他邊走邊罵：「臭警察，有本事來抓我呀！」邁克斯不能忍受莫雷的

語言刺激，拔出槍，朝莫雷連開三槍，莫雷倒在血泊中。

之後，法庭以「故意殺人罪」對邁克斯作出判決。最終，他不得不入獄服刑。

我們常聽身邊的朋友說誰是性情中人，高興時手舞足蹈、談笑風生，令人心情愉快，但忽然間就會情緒大變，言詞激烈，讓人退避三舍。情緒化和神經質是性情中人的主要特點，如果在人際交往中完全感情用事，那麼結果一定非常糟糕。

一家化工廠出了一項新決議，總經理讓兩個部門的經理小宋和小董分別把決定通知給下屬。儘管兩個人都對這項決議持反對意見，但還是立刻去向職員傳達。小宋是性情中人，當他傳達決議時，職員很容易看出他是反對的，因此大家都對這項決議不滿意，執行起來也不順利。而小董的作法就成熟許多，員工不容易看出他的想法，因此小董的下屬對這項決議的執行情況比小宋的部門好得多。

同樣傳達決定，小宋不能控制自己的情緒，因此造成工作的不順利。所以，遇事時，不要做性情中人，要理性的思考。其實，性情中人這個詞本身是好的，只是人們常常用錯地方，也沒能理解其真正的含義。

唐朝名相婁師德的弟弟被升為知府。弟弟上任前，婁師德對他說：「我是個平庸的人，現在官居宰相，你又升了官，難免遭到他人嫉恨。你會怎麼對待這些人呢？」弟弟回答說：「以後

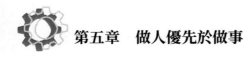

要是有人往我臉上吐口水，我也不反抗，稍後擦掉就好。」婁師德說：「我擔心的就是這個。那人向你吐口水，是因為恨你，但你把口水擦掉了，會讓那個人怒氣更甚。口水不擦遲早也會乾的，倒不如心甘情願地接受。」

婁師德兄弟的對話有誇張的成分，但其核心的意思就是要忍耐、退讓。一旦感情用事，矛盾就會升級，甚至會帶來更嚴重的結果。

性情中人是情感大於理智的人，很多時候會不夠冷靜。其實，真正的性情中人，不僅不是沒有理智，還可能是很理性的人，只是有時偏偏不按牌理出牌，偏偏要違背理智。性情中人執拗、心中躁動不安，對很多事和人都很在意，難以割捨，難以解脫。

一味地感情用事會導致可怕的後果，但若能掌握好力度，性情中人就是可愛的。一個真正的性情中人應該是有品味、有修養以及有深蘊的，應該熱愛生活，深諳人生真諦。只有這樣的人，才能獲取事業與生活的雙豐收，實現真正的成功。

人脈感悟

真正的性情中人不是完全憑個人的喜好，率性而為。那種沒有控制力的人只能算是人格有問題。大千世界，每個人都有不同的性格。如果要與別人和睦共處，那你就不能僅憑自己的情緒做事，要學會控制情緒，否則永遠無法和別人溝通。

即使做錯事也不要做錯人

【人脈案例】

拿破崙・希爾在一家雜誌社工作時，常在公司加班到很晚才回家，給辦公大樓的管理員製造不少麻煩，導致他與管理員間的關係很緊張。後來，他們的緊張關係變成一種敵對狀態，管理員經常在拿破崙・希爾工作時把整棟樓的電關掉，讓他無法工作。但是，拿破崙・希爾並沒有採取什麼行動。

有一天，拿破崙・希爾正在整理一篇急用的演講稿。正當他準備工作時，大樓又停電了。內心焦急的拿破崙・希爾立刻跳起來，衝到樓下去找那個管理員。當拿破崙・希爾發現管理員時，他正在整理工具，還悠然自得地吹口哨，彷彿在向拿破崙・希爾示威。

拿破崙・希爾的怒氣一下子衝出來，對著管理員大嚷大叫，一連幾分鐘，都在竭盡全力指責管理員。後來，拿破崙想不到什麼臺詞了，就緩和了激動的情緒。這時，管理員向他微微一笑，說：「你剛才有點激動，不是嗎？」

管理員的鎮定更加劇拿破崙・希爾的痛苦。他的指責不但沒有激起管理員的怒氣，反而使自己顯得沒風度。那個管理員做一份簡單的工作，卻能平靜地接受拿破崙・希爾的指責不還口。顯然，拿破崙・希爾在這件事上有點過頭。

事情過去一段時間，拿破崙・希爾始終覺得過意不去，同時

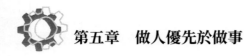

也感到有點羞愧。他主動找管理員吵架，因此是理虧的一方。後來，他覺得事情不能就這樣擱置下去，儘管是自己做錯了，但還是要努力挽回一下，便去找那個管理員道歉。

於是，拿破崙‧希爾找到管理員。管理員盯著他看了一會兒說：「這次你又來做什麼？」

拿破崙‧希爾謙卑而真誠地說：「我為我上次的行為道歉，希望你能接受。」

管理員臉上露出了微笑：「不用向我道歉，我們都把這件事忘了吧！」

拿破崙‧希爾終於放下心中的這塊石頭，他用謙卑悔過的做人方式成功地解救了一場人際危機。

從此以後，拿破崙‧希爾更加注重自己的修養，讓自己變得更謙虛、友好。因為他知道，人與人之間出現誤會時，只有那些平時會做人的人才能贏得他人的信任，從而化解矛盾。

在日常生活中，每個人安身立命的條件無非是做事和做人。兩者相互關聯，又相輔相成。但是，想要真正獲得良好的人際關係，我們還是要以做人為根本。

不管是成功人士還是普通人，生活中都肩負很多壓力，且在重壓之下難免做錯事。為了擺脫這樣的局面，必須學會做人，才能使我們少很多後顧之憂。

當電影《孔子》開拍時，身為劇中主角的周潤發準時來到劇組。他到劇組的第一件事是給所有演員和工作人員一一鞠

躬，這一舉動讓人頗感意外。照理說周潤發是香港資深的前輩演員之一，最有耍大牌的資格，但是他卻能以這樣的做人方式與人相處，讓那些稍有名氣就驕傲自大的演員們非常慚愧。其實，周潤發這麼做也是很有智慧的，因為演員們在拍戲時條件非常艱苦，身為演員，每個人的個性都很強，彼此間很容易產生誤會和摩擦。他用這樣的處世態度，就能緩解不少人與人之間可能產生的不愉快，從而順利地完成一部戲的拍攝工作。

聰明人做事講法，而智慧人做事講道。法就是針對事情的解決方案，道則是從哲學的理論出發，由做事追溯到做人。其實，人生的根本就是怎麼做人，只有解決做人的問題，才能使做事更加穩妥；只要學會做人，做事也就水到渠成了。

人脈感悟

「人非聖賢，孰能無過。」想讓每件事都做到滴水不漏是非常困難的，而如果我們的做人方式能夠被人接受，就算我們做事稍有偏差，也會得到他人的原諒，從而化矛盾於無形。

不要做自以為是的人

　　鄧鴻和袁磊在一家廣告公司做文案策劃。他們是部門裡兩個業績較好的員工，因此很受公司器重，但是，兩人的工作風格卻完全不同。當鄧鴻有好創意時，他會不斷徵求大家的意見，並輔以相應的修改，直到所有人都滿意為止。有時，他向別人徵求意見，人家對他說：「你做的已經非常好了，不用再改了。」但他仍誠懇地請求別人提供意見，因此同事們都很喜歡他。

　　袁磊則完全不同，他的創意從來不許別人更改，因為他覺得別人改動的話會破壞他作品的風格和完美，就連客戶對他提意見，他都極力反駁。

　　一次，有個做房產的客戶對袁磊的方案提出不同意見，說他應該按照這個方式改一改。誰知袁磊反駁說：「你又沒做過這一行，廣告要是像你說的那樣改，根本無法吸引消費者，怎麼能形成廣告效應呢？」客戶本來是帶著好脾氣來商談的，一見袁磊不接受意見，就乾脆對他說：「您是高人，我們請不動您，找別人總行吧？」於是，本來談好的一筆生意就這樣丟了，讓公司蒙受損失。

　　後來，袁磊又三番兩次地得罪了不少客戶。儘管他的業務很優秀，也為公司做了不少貢獻，但公司覺得這樣下去不行，就把袁磊辭退了。

　　自以為是的人多半是因他們確實有可以自豪的地方，這讓人對他們產生佩服感，甚至會去學習他們。但是，過分地自以

為是，甚至自大、狂妄，驕傲得不著邊際，那就預示著一種危險，一種潛在的巨大危機。

古希臘有位先哲說過，「傲慢始終與相當數量的愚蠢結伴而行，總是在成功即將破滅之時，及時出現。傲慢一現，謀事必敗。」一個人如果太驕傲，就會藐視一切權威，藐視一切規則；也就會變得妄自尊大，誰都瞧不起。誰都不放在眼裡，就算有人勸他該如何如何，他也仍舊固執堅信自己的所作所為沒有錯，聽不進任何勸誡的話，整個世界變得似乎只有他一人存在似的，嚴重脫離實際。最後，只能是孤家寡人，走向人生的失敗。

有很多人喜歡自以為是，聽不進去別人的觀點，認為只有自己的觀點是正確的。在人群中，自以為是的人最喜歡高談闊論，但真正佩服他的人並不多。這樣的人也不會有多少朋友，因為沒人喜歡高傲自大者，這樣的人往往都活得孤獨而失敗。

真正的智者，無論自己有多大的學問，都會謙虛地向他人學習，且尊重每個人的看法。其實，每個人都有有別於他人的優點，而那些自以為是的人只看見自己的優點，卻沒看到別人的優點，因此才會高傲自大。

韓彬和龍武是鎮裡知名的武術大師。他們都曾拜訪名師習武，二十幾歲就成名江湖。成名後，韓彬在一家武術館當教練，帶領徒弟習武，也不斷提高自己的武藝。而龍武因為生在官宦世家，不愁生計，整天聚集一幫江湖朋友，專以習武為業。

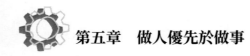

　　時間久了，龍武覺得自己了不起，與他交過手的人沒一個不是失敗而走。但唯獨韓彬沒有跟他交手過，他覺得以自己的本領一定可以戰勝韓彬，於是非要找韓彬比試不可。韓彬是不愛惹是生非的人，就盡量躲著龍武。但是，龍武緊追不捨，韓彬只好答應比試。

　　在比武時，龍武招招都出狠招，但韓彬閃展騰挪，處處謙讓。最後，韓彬故意使了破綻，讓龍武贏得比賽。

　　龍武非常得意，因為他終於成為方圓百里的一等高手。於是，龍武回家大擺筵席，邀請朋友慶祝。在席間，大家推杯換盞喝得很盡興。突然，席間有人小聲地嘀咕：「龍少俠的頭髮怎麼掉下來一綹？」後來大家口口相傳，都注意到這個問題。龍武覺得大家的神情不對，就問身邊的親信，親信告訴他他的頭髮掉下來一綹。

　　這時，龍武才發覺，原來在比武中韓彬把他的頭髮削掉了一綹，而他卻毫不知情，還在這裡大肆慶祝，因此備覺羞愧。

　　自以為是的後果往往是自取其辱，這樣的人終究會因自己的短見而受到教訓。如果你開始有了自以為是的心態，那一定要想辦法修正。因為，這種心態意味著你已經看不到別人的優點，不能客觀地看清事實了，所以想要建立良好的人脈和事業，必須學會謙虛做人，不要自以為是。

人脈感悟

自以為是的人大多有點小聰明。他們有一種高於他人的優越感，彷彿世界上誰都不如他。這種人不但在行為上讓人厭惡，而且在心裡也不尊重別人。尊重是相互的，你不尊重別人，怎麼能指望別人尊重你呢？因此，這樣的人最終都會被人排擠，落得一個懷才不遇的下場。

該低頭時要學會低頭

小杜來自偏遠山區。由於家庭貧困，她只念完國中就輟學了。可是，小杜對這樣的命運並不甘心，決心用自己的力量打拚出美好的將來。懷著這樣的夢想，她來到都市，在一家餐廳做服務生。

小杜的工作非常辛苦，每天凌晨不到四點就得開始準備，到半夜才能休息。同時，她還要受顧客的氣，挨老闆的訓斥。

一天，餐廳裡顧客特別多。工作人員都忙碌著，還有一些顧客不能及時吃到飯，小杜也來來往往地招呼客人。這時，有位年輕的顧客請她去拿一盆水來。小杜有點納悶，但也沒多想，就去拿了一盆水。誰知顧客根本沒有接她的水，而是站起來推了她一把，水打翻了，灑了小杜一身。小杜根本沒想到會這樣，眼淚立刻流了下來。老闆看到出事了，趕緊過來。

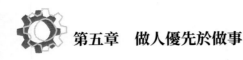

那個顧客指著小杜的鼻子說：「我跟她要了三次筷子，她都沒有拿給我。我跟她要盆水，是想告訴她『想讓我用手吃啊？』誰知她真的端水過來。你說氣不氣人？」老闆不敢得罪顧客，連忙賠不是，又嚴厲地訓斥了小杜幾句，幫顧客拿筷子過來，事情才算平息了。

當時，小杜心裡別說多委屈了。她哪受過這樣的氣啊，晚飯也沒吃，就想離開這個餐廳。後來，她又一想，剛到這裡好不容易才找到工作，就這樣辭職，以後生活該怎麼辦？最後，小杜決定平息怒氣，繼續做下去。

後來，用在餐廳打工賺的錢，小杜去一家電腦培訓班上了半年的電腦課程，熟悉一些電腦辦公的軟體。之後，她被一家物流公司看中，做辦公室行政人員，成為一名收入頗豐的白領。她本來在餐廳的老闆知道這件事後，連連誇獎她：「小杜這孩子，我早就知道她會有今天！」

每個成功人物的背後都經歷過各種波折。如果越不過這些波折，就得承受永遠的失敗。忍得一時痛苦，堅持不懈地往前走，才能有成功的希望。

人的一生起起落落，不會總是一帆風順。當人生遭遇逆境時，我們要懂得放下驕傲的心，用包容和忍耐去面對周圍的環境，正所謂「人在矮簷下，怎敢不低頭。」如果面對困境不懂低頭，就會被困境所吞噬，根本沒有機會迎來新的人生。

夏興海是一家電器公司的總裁。因為經營不善，他的企業有很多虧損。就這樣，夏興海由一個叱吒風雲的商界成功人

士，變成一無所有的窮光蛋，那種滋味是非常難受的。但是，他不能就這樣倒下，他還有妻兒要他養活，還有父母親人的責任在肩頭，因此他撐住了這一切壓力，決定積極樂觀地生活下去。

眼前他面臨的最大問題就是要賺一些錢供應家庭生活，而賺錢最快的方式就是做推銷員。以前，他也是因為這個工作而賺到第一桶金，才逐漸開創自己的事業，而現在似乎一切又回到原點。更糟的是，他已經過慣了養尊處優、發號施令的生活，要重新做卑微的工作，這種轉變太難了。

夏興海沒有被這種心態打倒。他決定放下老闆的架子，重新做一個卑微的小人物。然而，真正實行起來卻很不容易，有些客戶與他交談時心裡很不高興，心想一個小小的推銷員怎麼看起來比我的派頭還大，因此沒有下訂單；有些客戶還是夏興海以前的員工，冷嘲熱諷的話也會時不時地冒出一兩句，夏興海也都忍耐下來並不發脾氣。

就這樣，憑著艱難的推銷工作，夏興海使家庭的生活恢復了正常，沒有因事業的倒塌而讓家庭受牽連。兩年後，夏興海又有一些積蓄，他重新聯繫原來的合作夥伴，又開了一家電器公司，成功地走出人生的低谷。

能在矮簷下低頭的人常會被愚昧、淺薄的人恥笑，因為這些人只看到表面，看不到事情長遠的發展；而智慧的人不僅不會嘲笑，而且會對這種人肅然起敬，因為他們知道，只有志存高遠的人，才能擁有這樣的胸懷。

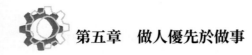

第五章　做人優先於做事

富蘭克林（Benjamin Franklin）年輕時曾去拜訪一位德高望重的老前輩。年輕氣盛的他一進門頭就狠狠撞在門框上。這時，出來迎接他的老前輩看到他這副模樣，笑著說：「很痛吧，這可是你今天來訪問我的最大收穫。一個人想要平安無事地活在世上，就必須時刻記住，該低頭時就得低頭。」

富蘭克林在這件小事中學會了低頭。也正是他這種睿智的生活態度，使他對獨立戰爭的勝利和美國國家制度的初建作出了重大的貢獻，而他也因此被稱為美國之父。

在接受的教育中，我們學到的更多是威武不能屈。可是，在現實生活中，我們卻要學會低頭。昂首挺立固然能表明一個人執著的品格，可只有學會低頭，我們才能邁向成功，實現自己的人生價值。

在現實生活中，我們所面對的並不總是和風細雨。老天總會不時地降下一陣大雨，吹來一陣狂風，阻擋我們前進的腳步。我們總會碰到許多不盡如人意的事。或許，我們有勇氣在風雨中繼續前進，有毅力去邁過高山大河，可成功卻並不一定屬於我們。

當然，低頭並不是懦弱。人不可能一生都挺著腰板。我們需要時刻低頭去向他人學習，也需要低頭認知自己的過錯並總結自己，從而為成功注入動力。低頭是一種智慧。明知不可為而為之，那只會撞到牆壁。低頭更是一種大度。忍一時風平浪

靜，退一步海闊天空。學會低頭，我們會少了些許爭執，多了些許友情。

初涉人世時，人們大都不諳世事，只會衝撞，不懂低頭，結果往往碰壁，吃了不少苦頭。大多數人在碰壁後，「經一事，長一智」，慢慢學會暫時投降、暫時低頭或暫時認輸，結果踏上了通暢的人生之路。但是，也有人總不懂低頭，結果處處碰壁，抱恨終生。

舉凡不低頭的人，都以為激流勇進才是英雄，向人低頭則是「窩囊廢」。其實，在不喪失原則的前提下，暫時向對方認輸，比硬著頭皮堅持作戰，把自己送上死路要高明得多。

當你處於弱勢時，不要為了所謂的榮譽而爭鬥，要選擇低頭，甚至暫時投降。暫時投降會給你時間東山再起，捲土重來；暫時投降會給你時間讓征服你的人感到煩惱，讓他們受到來自你的刺激；暫時投降會給你時間去等待征服者的力量逐漸消失。

要勇於低頭，就必須知道低頭需要勇氣。面對別人的批評時，我們要勇敢地承擔責任，接受批評；面對強大的敵人和困難時，我們同樣需要避其鋒芒，保存實力，以圖再戰。

不是所有人都能學會低頭、懂得低頭和勇於低頭。現實生活中，總有那麼一些人缺乏低頭的勇氣，漠視低頭的行為，結果不是碰壁，就是觸網。其實，何必總是一副寧死不屈的倔強樣貌呢？低一低頭，給自己多一次機會，不是更好嗎？

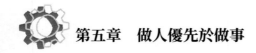

當明白了低頭的智慧，從困惑中走出時，你會發現，一次善意的低頭其實是一種難得的境界。低頭並不是自卑，也不是怯弱，而是一種能力的展現。有時，稍微低一下頭，你的人生之路會走得更精彩。

人脈感悟

學會低頭，我們才會迷途知返，才會找準前進的方向，也才會摘取勝利的果實。當然，低頭也應恰到好處，過多的低頭會使我們丟失人格的尊嚴和做人的原則。那樣，我們就會迷失在人生的航道上。

不要僅憑自己一人的力量做事

馬海生長在小康家庭。父親是公務人員，母親做服裝生意。因此從小家裡就希望他長大能從政或從商，接父母的班。

大學畢業後，很多人都選擇去各大公司工作，而馬海卻決定自己創業。父母對兒子的決定非常高興，因為兒子選擇這條路會比其他路順遂得多。父母手裡有豐富的人脈資源，可以讓他在創業時少走冤枉路。

然而，馬海是很驕傲的人。他想：如果透過父母的關係獲得成功，那自己還有什麼價值？一定要靠自己的能力才行。於是，他不聽父母勸阻，隻身前往上海，在一無所有的情況下開始艱辛的創業歷程。

　　馬海從一個普通的職員做起，一點點積累資金和經驗，同時也積累人脈。皇天不負有心人，經過 10 年的奮鬥，馬海終於成為一個擁有百名員工的企業總裁。然而，在回首往事時，馬海並不感到得意，反而非常懊悔當初自己的意氣用事。

　　馬海說：「如果我當時能使用父母的資金和人脈，可能不到 5 年就能有今天的成就，而我卻放棄現成的資源，花了 10 年的時間去獲得我現在擁有的東西，真是太不明智了。」

　　相信很多人都有與馬海一樣的想法，認為只有獨闖天下才是真的成功。其實，這種想法是錯誤的，真正的成功來自於與他人的合作。只有能與他人友好合作的人，才是真正的成功者。

　　任何人獨闖天下最終會走上兩條截然不同的道路。一是接受教訓，學會與別人合作；二是被社會淘汰。社會是現實的，憑意氣用事只會無功而返。

　　齊鳴和任哲就讀同所大學，主修電腦專業。他們都是學校裡引人注目的高材生。畢業後，都立下宏偉的志向，開始了創業之路。

　　齊鳴在學校裡被譽為電腦天才，在專業上沒話說，連任哲也非常佩服。只是，齊鳴為人較為偏激。齊鳴看到現在軟體市場非常賺錢，就開了一家小規模的軟體公司，並聘請幾名技術人員做他的幫手。雖然，有很多員工幫忙，但是齊鳴大部分的技術問題還是親力親為，並不信任別人。因此，他的員工積極性不高，認為自己只是當齊鳴的小助手，就算有好的技術也不

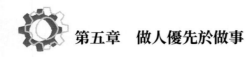

告訴齊鳴，公司裡所有的發展都是靠齊鳴一個人的力量。

任哲也成立了一家電腦技術公司，但他和齊鳴的作法完全不同。他把所有的事務都交給下屬去打理，自己只對事務的大致情況做了解。他把時間都用在開發市場、發展人脈以及協調公司內容事務上。他不再做電腦工作，而是做人的工作。結果，他的公司很快就有突破性的發展，員工擴增到幾百人，每年都有新的技術獲得市場的認可。

同樣是開公司，為什麼齊鳴停留在小公司的階段，而任哲成功了呢？就是因為齊鳴喜歡依靠自己的力量獨闖天下，而任哲能夠博採眾長，用別人的力量成就自己的事業。

獨闖天下之人潛意識裡有種英雄情結，這是非常不成熟的表現，也是一種孩子氣的表現。他們喜歡把功勞和榮譽攬到自己身上，喜歡享受別人的讚譽。而智慧之人會把功勞和榮譽歸給他人。因為，這樣的人在人群中才能得到歡迎和認可，也只有這樣的人才能憑藉強大的綜合實力取得成功。

人脈感悟

每個人在年輕氣盛時或多或少都曾有過獨闖天下的想法，因為似乎只有這麼做才最能證明自己的能力，得到最高的讚賞。然而，一旦步入社會，這種作法卻不一定行得通。很少有人能完全憑藉自己的力量成就一番事業，大都需要他人的幫助來獲得成功。

第六章
上司欣賞，你步步高升

　　絕大多數上司在做事時，總會先考慮讓自己欣賞的人去執行。當然，在有什麼好處或職位升遷的情況下，上司也會先考慮自己欣賞的人。你贏得了上司的欣賞，就會獲得比別人更多的鍛鍊機會，也會得到比別人更多的升遷機會。

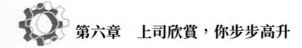

當面頂撞上司要不得

在一家貿易公司工作的孫華，正在辦公室裡悠閒地看報紙。經理怒氣衝衝地從外面進來，見到辦公室亂七八糟，心情更加煩躁，就不分青紅皂白地大罵起來。

孫華平常就覺得經理好像對自己有意見，以為經理是在罵他，非常生氣，和經理吵了起來。

另一位同事趕緊過來勸架，問明情況。經理說：「與外商談判進行得非常不順利，本來談妥的事情對方又中途變卦。回來看到辦公室裡不成樣子，就使我更生氣，我也沒有針對孫華，他卻和我吵了起來。」

孫華這才明白是怎麼回事，但為時已晚，已經得罪經理了。

每個人有自己的處事原則和對事物獨特的看法。當你對上司的言論和觀點有意見時，一定不要當著眾人的面說出來。就算是一個普通同事遭到你當面言語責備，也必定會產生不悅，更何況是你的上司呢？因此，不管在什麼場合都要記得，當面頂撞上司是最愚蠢的表現。如果你總是不考慮上司的面子，常常讓他下不了臺，那麼再大度的上司恐怕也不會忍你太久的。

當然，有時在公開場合受上司的批評指責，難免會覺得難堪，尤其是當你覺得上司的指責沒道理的時候。在眾目睽睽之下，你可能會為了維護面子，失去冷靜，據理力爭來反駁上司，以顯示自己的無辜。這樣一時快意的衝動行為，往往換得

的是上司加倍的震怒和斥責，到頭來受害的還是你自己。

俗話說得好，「忍一時風平浪靜，退一步海闊天空。」遇到上司在公開場合批評你時，不管你是否有錯，都不要在眾目睽睽下頂撞他，要表現出一種虛心接受的姿態。

試想，如果你當面頂撞了上司，那麼他在眾目睽睽之下顏面盡失，當然不會放過你。如果真的是上司對你有所誤解，那麼你不妨把他的一頓責罵當做是一場暴風雨，風暴過後自會平息。你冷靜地對待批評，在眾目睽睽之下給足上司面子，過後，再單獨找上司解釋清楚。這樣，你不僅會讓上司留下大氣、大度、理智及成熟的印象，還會讓他心生愧疚，以後會找機會補償你。

受到上司批評時，反覆糾纏和爭辯，希望弄個一清二楚，是很沒必要的。如果確有冤情，確有誤解的話，可找一兩次機會表達一下，點到為止。即使上司沒有為你「平反昭雪」，也完全不用糾纏不休。斤斤計較型的下屬，是很讓上司頭痛的。如果你的目的僅僅是為了不受批評，那麼當然可以和上司據理力爭，但也會因此得罪上司。

在上司發火時，下屬要控制自己；在與上司相處時，盡量不要意氣用事，因為上司畢竟要有他的顏面，在下屬面前樹立威信。有些事情一旦沒有達到預期效果，上司就會感到不順心。此時，有些上司冷靜不下來，「城門失火，殃及池魚」，下屬就成為他看著煩、聽著厭的對象。

在不了解情況時，身為下屬千萬不要衝動，因為上司發火有時是沒有什麼依據的。此時，弄清原因對症下藥，不僅能化解上司的怒氣，還會讓他對你的冷靜留下深刻的印象。

在上司發火時，要麼採取不理不睬的策略，要麼就主動上前，幫他分憂解愁，萬萬不可和他爭執不休，那是最不理智的。

上司發火時，首先，不要妄加猜測他是否有什麼目的，要保持冷靜；其次，用換位思考的方式，尋找他發火的客觀原因，並予以諒解；最後，要引導上司把他的原因說出來。這樣，你就掌握了控制上司情緒的主動權。

任何人，包括你的上司都會看重別人對自己的評價，都希望從別人的評價中了解自己的成就以及地位，當知道自己受到讚揚、自尊心得到滿足的同時，自然會對稱讚者產生好感。

對於自己的上司，你要持積極肯定的態度，即使他在工作中出現失誤，也千萬不要幸災樂禍或冷眼旁觀，這會讓他極為心寒。這種時候，如果能幫助他排憂解難，就一定要不遺餘力；如果不能，就要給他充分的信任和支持。你所有的努力，上司都會看在眼裡。得到你幫助和支持的上司，在事情過後，肯定會對你有所回報。

對上司要多一點支持和肯定，少一點否定。就算真的和他有觀念差異，也盡量慎重考慮，然後委婉提出建議，不可與上司面對面地爭論，否則，最後吃虧的肯定是你。

不同的上司會有不同的個性特點。聰明的下屬只要掌握他

的具體個性，唱那些他最喜歡聽的歌，就不難與各類上司弄好關係。下面是與各類上司相處的技巧，可以為你在與上司相處時提供一些參考。

- **唯才是舉的上司**：有眼光的上司都會特別欣賞有才能的下屬，因為人才不易獲得。倘若你對工作有什麼有利的新方案，即便不是你分內的工作，也一定要找適當時機提出來。不要擔心上司會認為你是在賣弄，因為他愛才。

  需要注意的是，千萬不要表現得過分積極，否則上司會以為你要和他搶飯碗，哪怕再好的計畫也會被否決。一般來說，愛才的上司本身也絕不會是平庸之輩。在這樣的人內心深處，愛才與妒才往往是並存的。

- **大權獨攬的上司**：這種上司除了愛對下屬吹毛求疵，最讓人受不了的就是，他們什麼事都愛親自插手，不放心讓下屬獨當一面。

  遇到這樣的上司交代任務時，絕不能抱著敷衍的態度，一定要在事前問清楚他的要求、工作性質和最後完成的期限等，不時向他匯報進度，以求盡量符合他的要求，也可以讓他感覺到，你是一直在他指揮下工作的。

  只要你願意費點心思，還是能討好這樣的上司的。假如他批評過你的工作方式，那你何不嘗試別種方式。盡最大努力與他相處，你將發現他並不如你想像中那樣難以相處。

- **工作狂型的上司**：如果上司是個工作狂，那麼你可能就有苦難言了，因為工作狂通常認為不斷地工作才是最佳生活方式，並且要求自己的下屬也要如此。

  面對這類上司，首先，不要提及工作量過大，或你已完全失去私人生活這兩點，而是向他解釋，能否徵個臨時員工，以便保證工作完成；其次，減少假日上班的時間，可以用有重要事情急需處理為藉口。

- **不體恤「民情」的上司**：有些上司屬見高就拜，見低就踩的人。他們不僅缺乏責任感，也從不體恤「民情」，還疑心病很重，讓你滿肚子怨言。

  如果遇到這類上司，那你千萬不能因受不了而向其他部門的同事訴苦，指責上司的不足，否則不僅於事無補，還有可能與上司的關係更緊張。你向其他同事訴苦，無形中就提供給他們一個談話的資源，從而使事情不再由你控制。

  那麼，難道就只能忍氣吞聲，永不宣洩嗎？當然不是。你可以向上司直接表態。不過，事前一定要分析上司的個性和預計一下上司的反應。對於思想保守、自尊心強的上司，你不能開門見山地大訴不滿，只能婉轉相告；對於思想開放、胸襟寬廣的上司，你不妨約個時間，把你的真心話坦誠相告，不難找出解決辦法。

人脈感悟

頂撞只會讓上司在一怒之下開除你，即便冷靜後，他也不會對你有什麼好印象。因此，考慮上司的面子，你不要當面頂撞他，讓他下不了臺。

在上司陷入困境時挺身而出

公司部門鄭經理由於辦事不力，受到總經理的指責，並扣發了他們部門所有職員的獎金。

部門員工知道後，非常生氣，認為部門經理辦事失當，造成的責任卻由整個部門來承擔。這使得部門的空氣很緊張，鄭經理也一籌莫展。

這時，鄭經理的祕書小馮站出來，替鄭經理解圍：「其實，鄭經理在受到批評時還為大家據理力爭，要求總經理只處分他自己，不要扣大家的獎金。」

部門員工聽到小馮這麼說，對鄭經理的氣消了一半。

小馮接著說：「鄭經理從總經理那邊回來時很難過，表示下個月一定想辦法補回獎金，把大家的損失透過別的方法彌補回來。其實，這次失誤除鄭經理的責任外，我們大家也不是沒有責任。請大家體諒鄭經理的處境，同心協力，把公司業務做好。」

小馮的調解獲得很大的成功。鄭經理如釋重負，心情豁然開朗。

接著，鄭經理又推出自己的方案，進一步激發大家的熱情，使部門緊張的氣氛很快得到緩解。

小馮在這個過程中的表現令鄭經理刮目相看。

正所謂「患難見人心」。越是在逆境時，越能感受到真情的可貴。當某項工作陷入困境，你千萬不要退縮不前，這正是你表現自己的絕佳機會。此時，你若能大顯身手，定會讓上司格外器重。

哪怕是上司出現個人情緒，你若能妙語勸慰，也會讓他格外感激。畢竟，人是有感情的。如此人性化的處事方式，會為你贏得更好的人緣。

上司是人不是神，作出的決策也難免出現失誤。就算上司一向正確，群眾裡也可能出現對立面。當上司與群眾發生矛盾時，你大膽地站出來為上司解釋與協調，在上司最需要人支援時支援他，你和上司的關係就可以進展到一個新的層次。

在日常工作中，很可能會出現這樣的情況：某件事明明是上級或上司耽誤了或處理不當，可是在追究責任時，上面卻指責是自己沒有及時匯報，或匯報不準確。這時，你應該替上司背黑鍋。儘管當下自己會受點損失，挨幾句批評，但到頭來，仍會有相當大的好處。

上司都希望下屬是一個忠誠的人，特別討厭那些與公司不同心，甚至「身在曹營心在漢」的下屬。因此，你必須和上司

站在同個「陣營」裡，真心跟著他走，忠誠於企業和主管，這樣上司才會把你當自己人。

下屬在遇到困難時，希望上司能幫忙解圍，這幾乎是人之常情。其實，對上司和下屬來說，工作上的支持是相互和對等的。處於工作矛盾焦點的上司，同樣也期盼下屬在關鍵時刻能幫助自己，只是上司的這種心理需求因各種原因不便輕易表露而已。

照理說，上司不應該淹沒在冗雜的日常事務裡，而應把精力放在結合重大決策和進行戰略思考上。但實際工作中，上司常成為公務的「集散地」，一方面忙著獲取上級的精神指示，把群眾的願望要求帶上去；另一方面，又要把它們化為各項工作任務進而落實。在這種情況下，真心體貼上司、有事業心和責任感的下屬，絕不應袖手旁觀，而應努力幫上司解圍。

上司常處於矛盾的鋒尖，很多時候稍有不慎，說話做事就容易被人誤解。由於處理問題站的角度或高度不同，上司有時可能會犧牲局部的利益去顧全大局。這時，他無暇去做或不便做過多的解釋。身為知情的下屬，把事情的真相或上司的意圖及時地加以解釋，讓其他人豁然開朗，一些怨氣、牢騷甚至怪話便會煙消雲散。

在幫上司說話時，要注意以下三方面：

- **要選擇適當的場合**：幫上司說話主要分兩種場合。一是在上司不在場的時候，主要幫其闡釋有關事情的真相和其意

圖；二是上司在場時，此時幫忙說的主要是那些根據事情的性質和上司本人的身分不便具體解釋的情況。

- **要客觀、準確地說明：**注意了解事情的真相，介紹有關情況時要盡量客觀準確。如果對事情真相一知半解，那麼幫上司說話，不但不能有好的作用，反而可能招來種種嫌疑。
- **要注意自己的身分：**一般來說，對上司身邊的人員或事情的參與者說的話，別人的信任度相對會高一些。在幫上司說話時，要注意自己的語氣和口吻，語氣要謙恭，態度要誠懇。如果給人盛氣凌人、高高在上甚至阿諛逢迎的感覺，那麼非但達不到為上司解圍的效果，反而會引起他人對你的反感。

> **人脈感悟**
>
> 下屬若能善於替上級解圍，不但可獲得上司更多的賞識和信賴，而且可以提高自己的工作能力。

忠誠於你的上司

在一家報社工作的小韓，才華並不出眾，長相也很普通，可是年紀輕輕就擔任副總編。很多同事都對她坐「直升機」式的升遷感到不解，想不透總編為什麼要不斷提拔她。

原來，小韓是陪總編一路艱辛走過來的。在報社草創時

期，報紙的發行量不高，報社的日子非常不好過。又因工作失誤，報社牽連到一樁經濟糾紛案，如果報社敗訴的話，債務賠償足以讓報社破產。在這危難之際，報社的眾多員工，包括很多部門主任都紛紛離去。當時，只是總編辦公室祕書的小韓，堅持留下來，與總編一起為報社的存亡而奮鬥。

幾個月過後，由於債務糾紛案的官司尚未了結，報社財務緊縮，連員工的薪水都發不出來。對這場官司訴訟能否打贏，總編也失去了信心，就對小韓說：「我非常感謝妳的忠心，但妳也知道，報社大概快撐不下去了。妳還是另謀高就吧！因為，我怕耽誤妳的前途。」小韓卻說：「總編，你要有信心，報社一定能度過這個難關。無論如何，我都會和你一起堅持到最後。」

又幾個月過去了，糾紛案結案，報社勝訴。先前的員工又陸續回到報社上班，報社業務逐漸好轉。為了增加報紙的發行量，小韓不辭辛苦地到處跑客戶，有時候好幾天無法回家。

半年之後，報紙的發行量迅速上升，廣告業務也日漸好轉，報社的利潤不斷增加。總編很感激小韓的忠心，就不斷地提拔、重用她。

「疾風知勁草，版蕩識誠臣。」在部門經營面臨困境或內部高層傾軋、爭權之際，如果你仍能堅守崗位，全力為上司分憂解勞，無絲毫臨危逃跑或落井下石的行為，那麼一旦公司恢復正常營運，上司勢必會對你的行為感到欣慰並給予回報。即使上司將來另立門戶，也會視你為自己人而重用你。

一個企業裡，上司最欣賞的莫過於忠誠可靠的下屬了。試想，一個能與自己同生死共存亡的員工，哪個上司不感激，不重用呢？即使你能力不是最出眾的，但一定要做到是最忠誠的，這樣才能贏得上司的信任和重用。

在職場裡，任何上司都喜歡有一批忠誠於自己的下屬。自古以來，不忠誠的下屬往往都沒有好下場。在上司看來，與不忠誠的下屬共事，無異於養虎為患。因此，沒有任何上司會重用不忠誠於自己的下屬，無論這個下屬具備多高的學識才能，具備多強大的幹勁，都很難得到上司的重用與提拔。這也就形成了，許多上司挑選下屬時，常常寧可要那些忠誠守信、才幹一般的人，也不願要那些精明能幹但跳過很多次槽的人。

在現代企業中，公司的管理人員首重員工對企業和對事業的忠誠度。員工不論何時都要立足本職，做好工作，不要耍小聰明，不要施展那些瞞天過海的欺騙伎倆和明修棧道、暗渡陳倉的計謀，因為這些遲早會被上司看穿。退一步來講，即使你的計謀不被上司覺察，也會被其他人發覺而對你嗤之以鼻，最後讓你自食其果。

當然，忠誠於自己的上司，並不是一味地阿諛奉承、像奴才一樣。事實上，上司對不做事，只會奉承自己的下屬也不會有多少好感。從某種意義上來說，忠實於自己的上司，就是忠誠於自己的事業，就是為事業作出貢獻，不僅能按照上司的吩

咐完成工作計畫和目標，還能維護自己企業的利益，具有與企業同生共死的精神。如果能讓上司感覺你做到了這些，你就得到上司的信任了。

即便上司是心胸狹隘的人，不能理解你的真誠，不珍惜你的忠心，也不要因此而產生牴觸情緒。上司也是人，也有缺點，也可能因太主觀而無法對你做出客觀判斷。只要你竭盡所能，就能在不知不覺中提高能力，並爭取到未來事業成功的砝碼。

忠誠並不是口頭上的，而是要用努力工作等實際行動來展現的。除了做好分內事外，還應表現出對事業興旺和成功的興趣。你要認可公司的運作模式，由衷地佩服上司的才能，保持和公司一起發展的事業心。即使出現分歧，你也應該樹立忠實的信念，求同存異，化解矛盾。當上司和同事出現錯誤時，坦誠地向他們提出；當公司面臨危難時，和上司同舟共濟。

只要你還是某部門的一員，就應當拋開任何藉口，投入自己的忠誠和責任心，將身心徹底融入公司，盡職盡責，處處為公司著想，理解上司的壓力並給予體諒。

忠誠是職業生存方式。如果你選擇在某個長官手下工作，那就要忠心地、真誠地，支持他的立場，和你們共同工作的公司共存亡、共榮辱。

> **人脈感悟**
>
> 如果你忠誠地對待上司，那麼他也會真誠地對待你。當你的敬業精神增加一分時，別人對你的尊敬也會增加一分。不管你的能力如何，只要你表現出對公司足夠的忠誠，你就能贏得上司的信賴。同時，上司會樂意投資在你身上，給你培訓機會，提高你的技能，因為他認為你是值得信賴和培養的。

背後不說上司的是非

古時候，有個家財萬貫卻又極吝嗇的地主，家裡沒有水井，要跑到很遠的地方打水，很不方便，還得為此僱一個人來專門負責挑水。後來，地主便請人在家中打一口井，這樣便省一個人力。

有了水井，家裡用水就方便多了。地主非常高興，逢人便說：「這下可好了，我家打了一口井，等於增加了一個人。」

地主的話被人輾轉相傳，最後竟被傳為：「有個地主打井挖出一個人來。」這話越傳越遠，後來，傳到國王耳中。國王覺得不可思議，就派人到這個地主家查訪。

地主詫異地說：「這是誰說的？我是說挖了一口井，省了一個人力，就像是增加了一個人，並沒有說打井挖出一個人來。」

人傳話時，往往就像這個故事一樣。你在同事間議論上司的話，常常傳到上司耳裡時變成「打井挖出一個人來」。如果

發生這樣的事，那麼不管多努力工作，有多好的成績，你也很難得到上司的賞識。況且，這樣一來，你也完全暴露了自己的弱點，很容易被那些居心不良的人利用，這會對你事業的發展產生極為不利的影響。

在日常工作中，如果你真的對上司有意見，最好的辦法就是在恰當的時機直接找上司，向其表達你的真實意見和想法，這樣的效果比上司從別人那裡聽到要好得多。只要你真誠地向上司表達，上司往往就能感受到你對他的尊重和信任，也會回饋給你。這比你到處發牢騷，風言風語好多了。

不管在哪個企業工作，那些喜愛背後議人長短和搬弄是非的員工，不會贏得任何同事的好感，你的上司當然也不例外。如果有一天上司從別的地方得知你對他背後的議論，那麼結果可想而知，你的好日子就到頭了。

在公司裡，凡事都要做到心中有數，說話有分寸，談論事情要分場合，議論他人要看對象。有時，你一次無心的議論，也許會變成日後的把柄。即使是平時關係非常要好的同事，相互發有關上司的牢騷，也是不明智的。如果你非要圖一時之「口」快而發牢騷，跟上司的關係也就很難處理好，結果自然會影響到自己的前途。

話說回來，不管你遇到什麼樣的上司，人與人之間的關係都是相互的。如果你不尊重他，他也就很難看重你。你那些不

尊重上司的行為會在自己前進的路上設下障礙，對你的事業發展毫無益處。

俗話說得好，「世上沒有不透風的牆。」你不要以為，背後說的壞話別人聽不到，說不定，你上午剛說上司的壞話，下午他就知道了。如果你以為別人也在說他的壞話，大家是一條戰壕裡的戰友，那麼你就錯了。公司裡，常有一種人，喜歡和你拉攏關係，拖你下水，背後踹你一腳，這樣的情況不得不防。如果你說的話不幸被上司聽到了，那麼他對你產生不好的看法也就難以避免了。所謂：「禍從口出」，盡量不要參與同事之間議論上司的話題，否則你可能會成為可憐的代罪羔羊。

仔細觀察，你會發現在背後議論上司而導致被打擊的大有人在。因此，你不要犯這種低級的錯誤。

聽到同事在議論上司時，首先，應以善意的態度勸告他們不要這麼做，不要擴大議論的範圍，更不要以訛傳訛，有意或無意地貶低上司或損害其形象；其次，應盡量回避對上司的議論，不得已要評價或說明時，也只宜點到為止，不要主動挑起話題，更不要添油加醋，以免引起不必要的猜測和誤解。在這個問題上，自己要有主見，不怕同事嘲弄，不怕同事孤立。如果你以為只有在同事議論上司時參與其中，才能與同事維持關係，那可就大錯特錯了。

防人之心不可無，說話必須看對象。有的人本身就是「紅人」，與上司不分彼此。如果你在他面前非議上司，豈不是自投羅網。有的人自私自利，專門蒐集同事對上司的不滿資訊，然後在上司面前請功邀賞，以達個人目的。對付這種人只有不要讓他抓住小辮子。不論你是有意還是無意，在同事間議論上司最容易惹是生非，因此還是不議論為上策。

我們應該在背後盡可能多說他人的優點，少說他人的壞話。古人云：「閒談莫論人非。」在背後說人家的好話還可以，要是說人家的壞話，最容易引起人家的嫉恨。另外，不要隨便議論別人的私生活，不要隨便對人談論自己的隱私，不要隨便打聽別人的隱私，更不要傳播和議論別人的隱私。

不願意當著他人的面說的話，也不要在背後說。如果能做到這一點，你就會遠離許多是非，建立良好的人際關係，樹立良好的個人形象，被上司和同事喜歡，無形中也為自己事業的成功增加了籌碼。

人脈感悟

身在職場，你總會遇到各式各樣的上司。不管你遇到什麼樣的上司，背後議論別人的短處都是不好的。上司是辦公室裡的核心人物，他的地盤當然由他做主。你可以不喜歡他，但為了工作，不能不與他搞好關係。

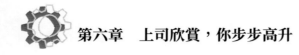

不要輕視「二級長官」

楊斌年紀輕輕就當科長，而且還有很大的發展前途。開會時，一屋子的老年人和中年人，顯得楊斌更加的有朝氣。楊斌總是先聽別人發言，然後再三言兩語地發表自己的意見。他這樣做往往既能說中問題的要害，又能使其他人覺得他比較謙虛。

楊斌所在部門裡的「一級長官」十分欣賞他，對他的意見和建議也十分重視。可是，楊斌對「一級長官」倒不那麼親近，反而對「二級長官」非常地親近。逢年過節，楊斌總會拿一些家鄉的特產，登門拜訪「二級長官」。

周圍的人對這件事都感到很奇怪。「一級長官」明明是一個很難得的有魅力、知人善任的人，而「二級長官」明明是一個能力不夠好、心眼卻不少的人，楊斌為什麼使勁地巴結「二級長官」呢？

關係比較親近的朋友私下問楊斌為什麼對「二級長官」那麼好。楊斌回答說：「『一級長官』是個正人君子，我不用顧及和他的關係，只要我好好工作，他就會對我很滿意了。而『二級長官』就不是這樣，他這種人雖然沒多少業務方面的能力，但他的心眼都用在為人處世上。他不一定能讓你得到什麼好處，但如果在背後讓你得到一些負面印象，你也吃不消呀。我之所以和他這麼好，就是希望他不要讓我有不好的影響。」

在楊斌的努力下，「二級長官」對他很好，還經常向他透露一些重要的小道消息。

長久以來，人們習慣於與受人尊重、有能力、有學問、有頭腦以及有良好品德的人走得比較近，而對專門動心眼、一心鑽營的人卻有意疏遠他們。然而，結果卻是替自己設置了絆腳石，磕磕絆絆地在職場中爬行。

很多「二級長官」雖然沒有決策權，卻十分知情，對「一級長官」有很大的影響力。

「二級長官」是相對於「一級長官」而言的，相當於一個部門中位居第二的上司。大家都知道，雖然「二級長官」只和「一級長官」差一級，但他的實際地位與「一級長官」相差不多。很多事情，「一級長官」是必須與「二級長官」商量的，而「二級長官」的意見往往能左右「一級長官」的想法。

然而，在現實工作中，很多人往往忽視「二級長官」的作用。因為，他們以為有勁要用在刀刃上，要找關鍵人物，要找說話算話，一句頂一句的人。只要「一級長官」點了頭，還有什麼事不好辦呢？至於「二級長官」，不得罪不就行了。其實，這樣一來，往往欲速則不達，把事情搞砸。

三國時期，曹操的大兒子曹丕和弟弟曹植爭奪王世子的寶座。曹植自恃文采過人，曹操又重才勝過一切，便不拘小節，不注意與曹操身邊的人搞好關係；而曹丕自知文采不如曹植，便在一次送行時，一語不發，叩頭大哭，令曹操感動不已。

曹丕素日尊敬曹操身邊的人，這使得就連曹操的一個寵妾都替他說話。後來，曹操將曹丕立為王世子，而放棄了本來立

曹植為王世子的打算。

現在看來，曹植可能過於誇大曹操在立自己為王世子一事上的影響力了。他以為曹操是說一不二的魏王，只要曹操喜愛自己，就不必顧及其他人。曹丕就比較聰明，調動了曹操身邊各個方面的「二級長官」為自己說話，從而最終被立為王世子。

> **人脈感悟**
>
> 「二級長官」出於地位的原因，比「一級長官」更需尊重和理解。他們雖然不能說一句頂一句，但有自己的圈子和能力。千萬不能低估，更不能回避，否則容易產生不必要的誤會。如果「二級長官」本身並沒有多少值得尊重的地方，那你就更要敬他三分了，免得牽動他敏感的神經。

和上司說話要有技巧

馮曉軍是個做事謹小慎微的人，平時不愛說話，只知踏踏實實地埋頭工作。每一年，他都能替研究所弄出一兩項科研成果。對此，研究所所長非常欣賞他，且有意提拔他為副所長。

可是，每次所長剛把自己的意思告訴馮曉軍時，馮曉軍卻總是客氣地說：「我不行，我真的不行，您別為難我了。」

如此三番兩次後，所長就放棄將馮曉軍提拔為副所長的打算了，而把另一個在能力上不如馮曉軍但能說會道的研究

員提拔為副所長。

　　其實，馮曉軍並不是不想當，但在過度的客氣之下，他最終未能當上副所長。

　　過度客氣反而會招致誤解。和上司說話應該小心謹慎，顧全大體。顧慮過多則適得其反，容易遭到誤解。因此，你應該善於察言觀色，以平常心去應對，習慣成自然，對這類情況就可以應付自如了。如果想克服膽小怕事的心態，有時越是謹慎小心，反而越容易出錯，就會被上司誤認為沒有魅力，不值得重用。

　　上司畢竟不像一般同事。與上司相處，你更應該注意自己的言行。平時，說話交談、匯報情況，你都要多加小心。尤其是一些讓上司不高興的話，更要注意掌握好分寸。

　　說話有限度，交往講分寸，辦事講策略，行為有節制，別人就很容易接納你、幫助你、尊重你、滿足你的願望。因此，想要獲得社會認同、上司欣賞，你就應該掌握最恰當的說話分寸。身為下屬，想要得到上司信賴，說話一定要掌控好分寸。

　　不知道上司的忌諱和偏好，就會造成你與上司的溝通障礙。我們在與上司溝通時，要懂得說話的技巧。

　　在上司面前說錯了話，一旦覺察到了，你應該馬上停止，緊接著向他表示道歉。不要因害怕而回避，你應該面對事實，盡量避免傷害對方的面子，必要時再進行說明，因為不必要的辯解只會越辯越糟。

在日常生活中，我們常見到有些人與地位高於自己的人交談時，總是畢恭畢敬、唯唯諾諾，甚至點頭哈腰，這會讓人非常反感。其實，從人格上來講，你與上司是平等的。在和地位無論比自己高出多少的人交談時，你都應該既要尊重對方，又要不卑不亢、落落大方。與上司交談要跟與一般人交談一樣，表情自然、態度和善、用詞妥帖，盡量發揮你的聰明才智和獨到見解。

　　向上司匯報時，要看時機選擇，又要恰當表達。向上司作口頭匯報，如果不明白上司意圖，不能抓住重點，不懂得概括，不善於表達，成績講述得不夠，問題分析得不透，上司就掌握不了問題，也就很難明確表態。結果是，有成績得不到肯定，有困難得不到幫助，請求的問題也難以得到滿意的答覆。

　　如果你不幸遇到一個十分主觀的上司，他總是強加許多工作給你，那麼你就要注意力求委婉地和他講道理。

　　上司把你叫來，說：「你今天把這些工作做完，好嗎？」你望著小山般的公文，搖搖頭說：「這麼多，我怎麼可能當天弄完。」這樣的應對，就太不合格了。公文雖然堆積如山，也可能很快辦完，或許你還有辦不好的理由。不過，你如果說：「今天無論如何也做不完！」那麼上司一定會說：「什麼？這點小事也辦不好？要我辦給你看看嗎？」到這種地步，彼此就都很難收場。

身為下屬，你如果答覆時改為：「好的，我盡量做」，情形就會不同，因為你只是「盡量」而不是「保證」。實際上，你還沒有做，也沒辦法給出肯定的答覆。你可以設法快去做，到下班時還無法完成，便可回報「還沒做完」。這時，上司看到，也就不至於過度責備你了，因為上司的自尊心被維護了。上司通常會給你兩種答案：「確實太多了，明天再做吧！」或者「我叫小馬來幫你。」運用這樣的處理方式，你就可很好地避免與上司之間的矛盾。

在日常工作中，有一些令上司不高興的話，不要隨便說。現列舉如下：

- **對上司說：「您辛苦了！」**
  說「您辛苦了！」這句話，本來是上司對下屬表示慰問或犒勞時說的。如果由下屬對上司說，會產生負面的效應。

- **對上司說：「您的作法真讓我感動！」**
  事實上，「感動」一詞是上司對下屬使用的。比如，你對上司說：「您工作認真負責，不怕耽誤自己的事。我很感動！」這用語是不恰當的。尊重上司，你應該說「佩服」。比如，「總監，我們都很佩服您的果斷！」這樣就比較恰當。

- **對上司的問題回答說：「隨便，都可以！」**
  上司會認為現在的年輕人很冷漠，不懂禮節，自然會看扁說這句話的人了。

- **對上司說：「這事你不知道！」或者「那事我知道！」**

  「這件事你不知道」，「這事你不懂」這樣的話會傷害上司的威望，對上司不敬。

- **不經意地對上司說：「太晚了！」**

  這句話的意思是嫌上司動作太慢，以致要誤事了。在上司聽來，肯定有「幹嘛不早點」的責備意味。這樣的話平常說起來無所謂，在下屬與上司共事時說起來就有失分寸。

- **對上司說：「我想這事很難辦！」**

  上司分配工作任務下來，而下屬卻說「不好辦」、「很難辦」，這樣直接地讓上司下不了臺。一方面顯示身為下屬的你推卸責任；另一方面也顯得上司沒遠見，會讓他很沒面子。

> **人脈感悟**
>
> 說話要有技巧，溝通要有藝術。良好的表達方式可以助你事業成功，良性的溝通可以改變你的人生。與上司交流時，要注意管好自己的嘴，要知道什麼話應該說，什麼話不該說。

不要害怕與上司來往

小衛在一個職位工作兩年了。他一直很努力，工作能力也不錯。照理說，他應該得到獎勵和提拔了，但一直沒有，原因出在他的努力一直沒有被他的頂頭上司劉主任認可。

　　劉主任是十分嚴厲的人。小衛有點怕他，很少主動跟他打交道，甚至在路上看到了，他也會遠遠避開。而劉主任似乎也對他格外挑剔，經常吹毛求疵，這讓小衛也很委屈，認為不管自己多麼努力都得不到劉主任的認可。

　　對劉主任來說，小衛是個不太令他滿意的下屬。雖然，小衛來部門兩年了，劉主任卻對他沒有什麼了解，又看到小衛如此疏遠自己，覺得很不能理解，也很不舒服。久而久之，劉主任和小衛之間的關係就越來越疏遠。

　　其實，小衛和劉主任之間出現的問題，在職場中是很普遍的，這屬於上司和下屬之間的心理距離疏遠。造成這種疏遠的原因是，下屬常存在一種對上司的畏懼心理，會因上下級間的等級關係而與上司的交流有障礙，這種障礙的存在導致下屬不自覺地對上司採取回避的方式。

　　在這種狀態下，上司也就更少有機會了解到下屬的工作進展、個性特徵以及下屬的工作需求和思想情況，從而進一步導致兩者之間關係的疏遠。

　　很多人在與自己同等級、同層次的人相處時，言行舉止表現往往比較自然大方；而一旦跟上司來往時，就會感到緊張，表現比較拘謹，甚至會在上司面前產生想逃跑的感覺。因此，導致一些原本落落大方，遇人能侃侃而談的人，一見到上司，自信心和魄力就消失了，說話也會遮遮掩掩，唯恐被上司抓住把柄，或者挑出毛病。正因有這些顧慮，反而讓自己的表現更

不好，從而加重恐懼感，更加害怕與上司的相處。害怕上司，因而懷疑自己的工作能力，影響自己未來的發展。於是，很多人就此陷入了惡性循環之中。越是怕，就越做不好；越做不好，就越是怕。

其實，面對上司，你不必如此拘謹。在人際交往中，需要的是謙虛、謹慎，而不是拘謹，否則我們很難在工作中達到如魚得水的境界。

身為下屬，你在上司面前說話是應該謹慎一些，但過分謹慎就不好了。當上司賞識你的才幹，想提拔你，而你一再說：「我不行，我不行。」上司就容易對你的能力產生懷疑。他或許會認為你是真的不行，或許會認為你是害怕承擔責任，說不定還會認為你不給他面子。不管是哪種想法，都會對你產生不利影響。

有的人，不是過分拘謹，而是在上司面前毫無主見，一切以上司為大，遇事只會一味地隨聲附和。其實，這些「抬轎」、「諂媚吹捧」的行為只會損自己人格，根本得不到重視與尊重，甚至上司也會因此對你心生反感和輕視。

你要避免採取過分膽小、拘謹、謙恭的心態來對待上司。對一個連說話都唯唯諾諾、誠惶誠恐的下屬，上司是不太可能對其產生好感的。因此，在對待他時，你應有自己的立場，在保持獨立人格的前提下，活潑、大膽、自信、不卑不亢。不必

害怕表達不同觀點，只要是從工作出發，擺事實，講道理，上司通常是會給予理解的。

單獨找上司談話時，還要善於選擇有利的時機。一般情況下，上司一天到晚要考慮的問題很多，因此，盡量在不打擾他工作的前提下選適當的時機，提出自己的問題。

在遇到他時，不必太過害怕。如果實在沒話說，不妨以話家常的方式入手。

一般情況下，如果上司與你溝通不多，談話內容也不過是工作狀態、話家常等，以拉近彼此之間的距離，有利於自己的談話更好地進行下去。所以，你不要有太大的負擔感。只要你沒犯錯，上司不會為難你。心態輕鬆地把與他的談話，當成一次親近上司的機會就可以了。

在實際工作中，上司往往因職位而常會比較繁忙，無暇對每個下屬特別關注，有時也可能只會對下屬下達命令，很少給下屬表達意見的機會，從而導致兩者之間的溝通機會減少。在這種情況下，難免造成上司對下屬缺乏了解，甚至出現某些誤解。因此，如果身為下屬的你再不善於主動跟上司溝通，就更沒機會讓上司真正了解自己的想法與才幹了。由此可見，上司和下屬之間的心理疏遠，是由於雙方均不善於彼此溝通造成的。這種雙方溝通不暢的結果，不僅會造成雙方關係疏遠，還會影響到整個團體的團隊合作，從而影響工作的開展。

第六章　上司欣賞，你步步高升

　　在日常工作中，儘管上司需要了解下屬以開展工作，下屬也需要了解上司，這都是正常的工作關係，但是人在相處中最容易產生感情。如果你能有意地、真誠地去靠近他，相信任何上司都不會拒絕的。身為下屬，你不要指望上司主動親近你，畢竟你的上司因職位關係有比你更多的責任、更緊張的工作時間，也需面對更多工作人員。只有你積極主動才有可能引起他的注意。經常善意的靠近，時間久了，勢必會引起上下級之間的情感互動。

　　身為下屬，你為了將來更好的發展，就要放下負擔感，鼓起勇氣，勇於在上司面前展現自己，善於抓住機會，多做自我鼓勵，積極勇敢地面對工作中出現的各種問題。只要你有信心、肯努力，就沒有跨不過去的障礙。

　　改善下屬與上司之間的疏遠關係，可以從以下兩方面著手：

- **下屬要克服自己的心理障礙**：對上司懼怕，通常來自於曾經對嚴師或嚴父的懼怕。很多人下意識地把上司想像成一個既嚴厲又不可親近的人。殊不知，上司也和普通人一樣，是個有情感的人，也希望與下屬能有一種良性的親近關係。因此，身為下屬，你應該克服自己已有的心理障礙，用一種平常心去對待，大膽地與之溝通，多讓上司了解自己，善於向上司展示自己。久而久之，你與上司之間會建立一種良性循環的互動關係。

· **下屬要學會換位思考，體諒上司**：由於上司要關注的面向很廣，他不可能對你的工作能力和工作進展事事掌握。因此，身為下屬，你應該積極主動地及時向上司報告自己的工作進展，反映自己的想法和要求，徵求他的意見和建議，這都有助於促進上司對自己的了解。

> **人脈感悟**
>
> 大多數的上司是願意給員工留下和藹可親的印象的，也希望自己與員工之間建立良好的工作氛圍，希望員工多親近自己，讓自己有好人緣。如果員工見了他大多拘謹無措，或一副唯恐避之不及的樣子，上司就會覺得無趣而尷尬。

學會讚美你的上司

清朝乾隆年間，紀曉嵐以過人的才智名揚天下，受得乾隆的賞識。

有一天，乾隆宴請大臣。大臣們吃得很開心，飲得也很暢快。乾隆詩興大發，就出了上聯：「玉帝行兵，風刀雨箭雲旗雷鼓天為陣。」

乾隆要求百官對下聯，竟然沒人能對得上。乾隆為了展示自己的才華，點名要紀曉嵐答，打算讓這位大才子出醜。

不料，紀曉嵐卻隨口說出了下聯：「龍王設宴，日燈月燭山肴海酒地當盤。」話音剛落，群臣一陣讚嘆。

乾隆聽後，卻不高興了，面有怒色，大半天沉默不語。百官們頗為納悶。

　　紀曉嵐當然明白是自己得罪了皇上，便接著說：「聖上為天子，所以風、雨、雲、雷都歸您調遣，威震天下。小臣酒囊飯袋，所以希望連日、月、山、海都能在酒席之中。由此可見，聖上是好大神威，而小臣我只不過是好大肚皮而已。」

　　乾隆一聽，立即笑顏逐開，連忙表揚紀曉嵐，說：「飯量雖好，但若無胸藏萬卷之書，又哪有這麼大的肚皮。」

　　乾隆不高興的原因是自己的上聯顯示了一代帝王的豪邁氣概，不料紀曉嵐下聯一出，十分工整，顯現不了乾隆上聯的才氣了，乾隆自然心中不快。幸好紀曉嵐及時發現並為自己解除罪責，有意抬高、讚美乾隆，貶低自己。這樣一來，君臣一唱一和，大家都高興，事情才總算過去。

　　恰當、適宜地讚美上司會增進你與上司的感情，縮短你們之間的距離。每個人都希望自己能夠得到別人的肯定，上司也不例外，只不過不同個性的上司喜歡的方式不同罷了。

　　在部門裡，上司是有地位、有權力、有身分的人。從這層意義上來講，上司是值得尊重和羨慕的。讚美上司是對他工作的認可、支持及褒揚，是下屬與上司搞好關係的「潤滑劑」。天下沒有不喜歡被下屬讚美的上司。

　　讚美上司不是要你信口開河、毫無原則的奉承、巴結。上司與下屬的關係不是以情感為基礎的，是建立在工作與利益基

礎之上的，這就使得下屬對上司的稱讚不同於對其他類別的稱讚，需要在讚美上司時掌控好稱讚的技巧。

在工作中取得一定的成績，獲得一定的榮耀，你一定要把這分榮譽歸功於上司，把鮮花讓給上司，把眾人的目光引到上司身上，否則，獨享榮耀的後果會嚴重影響你與上司之間的關係。現實中，鋒芒太露，惹禍上身的例子太多了。

任何一個人的成長和進步都離不開上司的栽培和提攜，你在與上司相處時，要時刻注意維護其權威，懂得他內心深處的需求。只有體察到上司的行事意圖，你才能成為他工作中的得力助手，不會因不慎的言辭使自己的事業橫生枝節。

對上司值得讚揚的優點，也要講究讚揚的方法。直接讚揚和間接讚揚可以並用。直接讚揚，主要是指對上司個人「有話直說」。比如，上司剛作完報告，他主動詢問你對報告的印象，那你就可以使用恰當的語言實事求是地進行直接讚揚，切不可以「還可以」、「湊合」之類的話應付了事。當著上司的面要慎重稱讚，且莫將是非摻雜進去，弄巧成拙。在交際場合，稱讚上司語言要簡練，以達到推銷上司的作用。

最好的讚美就是盡一切可能讓他滿意。這並不是口頭上討好就能應付得了的，應該預先領會上司的意圖，在適當的場合準確無誤地說出來，且把自己主動準備的預案、設想等提供給他。

第六章　上司欣賞，你步步高升

　　有時，當面讚美上司可能會適得其反，且說的話也會千篇一律，失去新意。如果上司不在場時，你向同事或上司親近的人讚美他的種種過人之處，讓他們把這些話轉達給上司，那麼你的讚美就會顯得真誠自然，效果也就不言而喻了。

　　對上司的讚美光說不練是不夠的，最重要的是付諸行動，才能讓他產生真正的感動。要心悅誠服地學習上司的一言一行，養成與上司相同的喜好，讓上司覺得你與他是同類型的人，這樣上司就容易對你產生親近感，很快就會與你無話不談，並把你當自己人。

　　讚美是發自內心地對於美好事物表示肯定的一種表達方式，是拉近人與人之間距離的潤滑劑。因此，不管在何時何地，你都不妨經常使用這個「潤滑劑」。

　　讚美有別於溜鬚拍馬，不等於奉承，也不等於諂媚。掌控好讚美的尺度才是最關鍵的。要從實際出發，針對上司的個性特點，抓住其優點、愛好、成績，進行真心的讚美。相信每個上司聽了下屬這種真心的欣賞，自尊心都會得到一定的滿足，並對讚美者產生好感。另外，除了當面不吝讚美之外，背後不妨也多運用。如果上司得知下屬在背後稱讚自己，他的喜悅和感激之情會油然而生。下屬喜歡上司，上司自然也會喜歡下屬，這是人際關係中相悅作用的結果。

　　為了對上司進行有效地讚美，你應該熟練應用以下幾種技巧。

- **以公眾的語氣讚美上司**：上司固然想知道自己在個別下屬心目中的形象，但他更關注的是自己在公眾心目中的聲響。一個人的讚美只能代表稱讚者本身對上司的看法。一般的上司都明白這個道理。高明的稱讚者會加上公眾的語氣，以公眾的眼光來稱讚上司，並把自己的讚美融入其中。

  以公眾的語氣稱讚上司是代表同事、集體的一致看法，不僅可以避免同事的妒忌和非議，而且還把同事好的看法傳達給上司，贏得同事的尊重。在上司看來，這樣的讚美沒有個人動機在裡面，不是拍馬，他容易自然而然地接受。

  以公眾的語氣稱讚上司必須符合實情，真正代表大家的共同看法。如果大家實際上對上司的某一作法不滿意，而你謊稱「大家一致認為您的作法很好」，這樣不僅欺騙了上司，也篡改了群眾意志，最終有一天會露餡。

- **讚美上司要注意場合**：讚美上司也要因地制宜，因場合和情景的不同，採取不同的方式。

  當著上司親屬的面稱讚上司。在很多部門，因各種原因，下屬經常能碰到上司的親屬。上司在親屬面前往往很要面子，此時不僅需要下屬表現得聽話、順從，還很希望下屬能當著親屬的面「美言」兩句，長長自己威風。

  當著上司上級的面稱讚他。你的上司也有上級，而上司的評語和晉升是由他的上級掌控的。你的一句或許不經意的

話，也可能成為上司的上級給你的上司評定功過是非的依據。因此，這時的讚美要慎而又慎。

- **在交際場合讚美上司**：俗話說得好，「強將手下無弱兵。」上司的能力強、本事大、名譽好，下屬也差不到哪裡去。因此，在交際場合介紹你的上司時，進行一番讚美，對推銷上司和你都是絕對必要的。

人脈感悟

讚美上司時，要態度誠懇，要出於真心，要盡量使用「中性」詞，切不可濫用形容詞和副詞。如果開口「最、最、最」，閉口「很、很、很」，難免會讓上司覺得你言過其實，覺得你虛偽、言不由衷。

第七章
同事幫助，你工作無憂

在日常工作中，能夠給你直接幫助和最大幫助的人是你的同事。如果與同事關係融洽，你在工作中遇到困難時，同事就會主動幫助你，使你事半功倍。

與同事「打成一片」

　　朱小蘭畢業才兩年，就換了幾次工作。可是，儘管朱小蘭每次在一個部門工作的時間並不長，卻總能成為同事們的好朋友。每次朱小蘭離開原來的部門時，同事們總捨不得她離開。

　　朱小蘭的朋友劉小麗，雖然工作固定，卻和同事的關係不太好，便向朱小蘭取經。朱小蘭沒有先直接說明原因，而是對劉小麗講了一個故事。

　　一位家庭主婦，看見新搬來一戶鄰居，做晚飯時就去借雞蛋來烤蛋糕。蛋糕烤出來了，她又送過去一塊請人家品嘗。一來一往，她跟那家的主婦就熟了起來。其實，她昨天剛買兩斤雞蛋。她不過是用借雞蛋的方式，製造與那家人接觸的機會，從而慢慢建立起親密的鄰里關係。

　　辦公室裡的同事關係，就像日常生活中的鄰里關係一樣，需要用點心思來「經營」。剛到新的工作環境，只有靠自己找機會增加與周圍同事的接觸，儘早與大家熟悉，才能很快地適應新工作。除了工作中的接觸，還可用一些特別的「小手段」。比如，午飯時，到超市買一包「漂亮」的小糖果，回到辦公室後，分發給每位同事。即使有的人不喜歡吃糖，至少他也會以一個微笑作為回報。如此過了一陣子，你便能與周圍的同事「打成一片」了。

　　同事，顧名思義，就是指共同從事某種工作的一批人。如果

相互離心離德，又怎麼能做好同事？在一個部門裡，如果想做出成績，那就必須與同事合作，這是在任何行業都適用的定律。

　　儘管你可能會跟同事存在一些利害衝突，這也是不可避免的，但這並不表示你與同事的關係到水火不容的地步。在同個部門裡，同事之間固然存在競爭關係，但有時一項工作必須要兩個人或多個人一起才能完成，這就需要同事之間互相合作、互相幫助。

　　在同一個辦工區域工作，不但要搞好與同事之間的合作關係，還要謹慎小心地守護好自己的發展區域。協調好與同事的關係，可以當作資源儲存起來以便隨時取用。透過與周圍同事的和平共處和良好交往，你可以學到很多透過其他途徑學不到的東西。與同事和平共處，打下良好的群眾基礎，你的事業才能闊步前進。

　　在一個部門長期工作的同事之間，會形成一個小團體。剛到來的新職員，很不容易跨進去，剛開始，常會產生徘徊在外的孤獨感。新職員可以與同事們聊聊各自的家庭、父母、丈夫或孩子，從而增加彼此的了解，拉近距離，與同事的關係自然會親密起來。

　　在日常工作中，建立良好的人際關係，得到大家的尊重，無疑會對你的工作和發展有極大的幫助。一個愉快的工作氛圍，可以讓你忘記工作的單調和疲倦，甚至使你對生活有美好的心態。不幸的是，大家常常能聽到有人抱怨處理不好辦公室

裡的人際關係。其實，只要為人正直，工作用心並努力，做個
受同事喜愛的人並不是一件難事。

在部門中，你會碰到形形色色的人。即便對方是你不喜歡
的，你也不要輕易對他產生厭惡感。試著寬容點，多了解對
方，你就會發現自己原本不喜歡的同事也有可愛之處，從而樂
意與其成為朋友。

有一個頗能引人深思的寓言。天鵝、烏龜和小蝦共拉一輛
車。天鵝拚命往上飛，烏龜拚命往岸上拽，小蝦拚命往水裡
拉，可是車子卻一動也不動。顯然，牠們拉車的目標沒有取得
一致。目標不一致，方向不統一，結果也只能是徒勞無益。

大家都應明白一個道理：只有相扶相助，工作才會有業績；
有了業績，你才會順利地加薪，或者獲得升遷的機會。

同事是一種特殊的朋友，一種相互之間既有利益衝突，又
有合作基礎的朋友。既然我們能寬容地對待朋友，不妨也嘗試
同樣寬容地對待同事。

想要自己也能夠做到與同事「打成一片」，你應當努力做
到以下幾個方面：

- **微笑**：無論對方是清潔工，還是短期實習生，抑或是部門
  上司，你常向人展示燦爛友善的笑容，必能贏取部門上下
  的好感。年輕的同事視你為前輩，年長的同事把你當晚輩
  看待，如此親密的人事關係一定會有助於事業的發展。

- **合作和分享**：多跟別人分享看法，多聽取和接受別人的意見。這樣，你才能獲得眾人的接納和支持，從而順利開展工作。
- **善解人意**：同事感冒，你體貼地遞上藥丸；路過餅店，你順道幫同事買下午茶。這些都是舉手之勞，你對人家好，人家也會對你好，何樂而不為？
- **有原則而不固執**：應該以真誠待人，虛偽的面具遲早會被人識破。處事手腕靈活、有原則，但也要懂得在適當時接納他人的意見。切勿毫無主見，否則只會給人留下懦弱、辦事能力不足的壞印象。
- **不搞小團體**：跟每一位同事保持友好關係，盡量不要被劃入某個圈子，因為這無意中會縮小自己的人際網絡，而對自己不利。盡可能跟不同的人打交道，避免牽涉進辦公室的明爭暗鬥，不搬弄是非，自能獲取別人的信任和好感。
- **勿阿諛奉承**：只懂奉迎上司的勢利眼，一定會讓大家厭惡。完全沒把同事放在眼裡，苛待同事和下屬，無疑是到處給自己樹敵。
- **勿太嚴厲**：也許你態度嚴厲的目的只是為把工作做好，然而在別人眼裡，卻是你刻薄的表現。如果你平日連招呼也不跟同事打一個，跟同事間的唯一接觸就是開會或工作，就不可能會得到同事的支援和幫助。

第七章　同事幫助，你工作無憂

> **人脈感悟**
> 與同事「打成一片」，可以帶來和睦的工作環境。而親密的
> 同事關係，有助手促成工作的開展。

不要和同事靠得太近

寒冬裡的兩隻小刺蝟，儘管躲在洞裡，仍被凍得瑟瑟發抖。牠們盡量蜷縮著身子，因為天氣實在太冷了。

就在牠們感覺快被凍僵的時候，一隻刺蝟突然靈機一動，向另一隻建議說：「我們靠緊一點，或許身上的熱量會散發得慢一點。」另一隻也覺得有道理。於是，牠們開始嘗試。但沒想到，由於靠得太緊，牠們互相被對方身上的刺給刺痛了。

雖然第一次嘗試失敗了，牠們在被對方刺痛的同時，也確實感到了對方的溫暖，所以牠們沒有氣餒，又重新開始第二次嘗試。這一次，為了不傷害對方，牠們開始小心翼翼地一點一點地靠近。最後，牠們成功了。

在寒冷的季節，兩隻刺蝟互相靠近取暖的寓言，清楚顯示了人際關係的微妙之處。同事之間在同一個公司裡，如能同舟共濟、甘苦與共，互相都能成為朋友，更可借良性競爭發揮彼此激勵的效果。可是，一旦進入私人領域，後果可能一發不可收拾，特別是牽涉到金錢或個人問題時，宜謹慎行事。

　　所有動物都有「領土意識」。比如，狗在住處的四周撒尿，就是在劃領土，警告別的狗別越界闖進。若哪隻狗闖了進來，牠便會上前趕走。「領土意識」就是自衛意識。人也像動物那樣擁有這種意識，只是和動物表現的方式不同罷了。每個人都有屬於自己的「領土」。只不過，當它以無形的方式表現出來時，人們常常容易忽略，而這也恰恰是最易出問題的時候。因此，千萬要注意，別因疏忽而引起不必要的麻煩。

　　人最基本的「領土」就是家庭了。誰未經同意闖入，輕者被責罵，重者恐怕要遭一頓追打。不過，會犯這種錯誤的人不多，倒是很多人在辦公室忽略了這點，常常無意間侵犯別人的「領土」。在辦公室侵犯別人「領土」的方式，如未經同意就坐在同事的桌子或椅子上；坐在主管的房間裡；到別的部門聊天等。

　　你不要以為這沒什麼，又沒什麼壞念頭。事實上，你的舉動已經侵犯到別人的「領土」，對方也已經感到不高興。所以，別人工作的地方，沒有必要時，你不要隨便靠近。

　　這種「領土意識」看起來很無聊，但卻是很實在的，如果你不注意而侵犯了別人的「領土」，會惹出你意想不到的麻煩。因此，凡事要謹慎。

　　同事間的相處是一門學問。

　　如果一位舊同事吃回頭草，重返公司工作，你有必要注意自己的態度。假如此人以前只是一個小角色，如今飛上枝頭變

鳳凰，請小心其作風與手段。肯吃回頭草的人，多數職位有所提升，難免有點飄飄然。你大可投其所好，講些動聽的話，但切莫「拍馬屁」拍得太超過，否則只會讓他瞧不起你。

若此人以前與你共事過，請不要在人前人後或他面前主動再提過往，就把他當新同事，避免大家尷尬。要是他過去與你不相干，如今卻成為搭檔，不妨向對他有些了解的同事詢問一下他過往的歷史，但要輕描淡寫，不留痕跡。

許多公司都有不成文的習慣。你若身處這些公司，就要入境隨俗。如果有同事表示要請客，你當然要答應，否則就是不賞臉，不接受人家的好意。不過，答應之餘，請考慮：對方一向與你很投契，純是出於一片真心？還是彼此只屬泛泛之交，此舉只是「拍馬屁」？前者你當然可以開懷大嚼；後者，吃完之後最好反過來做東，既沒接受他的殷勤，又沒有得罪對方。

不論職位高低，每個人都有自己的工作範圍和責任，所以在權力上，你不可以喧賓奪主。只有和同事保持合適的距離，才能成為一個真正受歡迎的人。

人脈感悟

與同事相處，如果太遠了，人家會認為你不合群、孤僻、不易交往；如果太近了，容易被別人說閒話，而且也容易被上司誤解，認為你在搞小團體。因此，不即不離、不遠不近的同事關係，才是最難得的和最理想的。

該拒絕時要勇於拒絕

來自農村的歐陽英,在一家打字店工作,人很勤勞,也較老實。她每天上班提早半小時到,開始掃地擦地擦桌子。同事忙不過來時,她也會主動幫助。

有一天,由於有事來晚了,歐陽英發現其他同事正在嘀咕:「鄉下人還擺架子,也不知道早點來幫我們打掃房間。」歐陽英突然意識到,自己付出很多而得到的太少了。

這天快下班時,一位同事請歐陽英幫忙:「歐陽,你今天晚上幫我把這份稿子打出來吧,明天要交稿。我今天晚上要去跳舞,先走了,人家還在等我呢!」

「很抱歉,我今晚有事。」歐陽英毫不猶豫地第一次回絕了那位同事。那位同事從來沒有受到歐陽英的拒絕過,待在那裡愣了一下,就識相地離開了。

第二天,歐陽英去上班的路上恰巧遇到那位同事。那位同事並沒有表現出任何異樣,反而主動打招呼。

從此,找歐陽英幫忙的人變少了。當她幫別人擦桌子時,別人也會禮貌回應了。透過一次拒絕,歐陽英換來了自己的平等和尊重。

不會說「不」的人,只會讓他人覺得你是一個逆來順受的人。有時,在真正鼓起勇氣拒絕他人之後,你會發現原來所顧慮的事情一件都沒有發生,而你的生活卻發生變化,同事開始尊重你,開始意識到你的存在。

在日常工作中，該說「不」時就要說「不」。一味沉默，只會讓他人忽視你的努力，甚至忽視你的存在。做一個有聲音的人，讓他人感受到你存在的價值。

在日常工作中，僅僅靠著溫馴善良和勤勞刻苦，往往是不夠的。有時，透過爭論甚至更加激烈的方式來解決問題，對那些能力較強，但心高氣傲的同事還是適用的。

在一個辦公室裡，有 6 位職員。茶水間離辦公室較遠。開始時，大家誰也不願意去裝水，因為裝好後也許自己只能喝到一杯，其他都被分光了。

為了保證大家都喝得到水，制訂了規章制度，每三人為一小組，每天早上、中午打水。甲組裡的三個，小朱比較老實勤勞。每次其他兩人都躲得遠遠的，只有小朱打水。

這一天，大家中午沒開水了。乙組的一位同事對小朱說：「小朱，開水呢？去拿開水呀！」小朱當即反駁道：「我們三個人呢，你指使我幹嘛？」那位同事當場有點臉紅，此時甲組的另外兩位同事連忙說：「哎喲，不好意思，忘了，我馬上去！」

從此，大家拿水自覺多了。同時，小朱並沒有覺得自己以前幫得太多就不去做了，仍然和同事一起去。

小朱利用其他同事的不滿，維護了自己的權益和平等地位。大家在一個辦公室，具有同樣的義務。小朱不好指使另外兩人，只好採用拒絕的方式。而小朱仍然去打水，則說明他不

計前嫌。利用寬容，小朱獲得了別人的好感。

在與同事的相處中，為了將來更好的發展，既不得罪人，也要學會排除干擾。當一些不重要的要求來打擾時，你可委婉說明理由，讓對方理解自己，把自己從瑣碎的事物中解救出來。這樣，你才能清除發展道路上的一切障礙，讓自己走得更快更好。

有些人不善於拒絕別人，擔心會傷害彼此友誼，於是經常違心地答應他人的要求，結果變成為了別人而活，甚至逐漸迷失了自己。學會說「不」是一種生活智慧。如果總是為了面子，委屈自己，有時反而會弄巧成拙。

在日常工作中，委婉地拒絕同事不合理的請求，可以參考借鑑以下幾點：

- **先傾聽，再說「不」**：當同事向人提出請求時，他通常也會有某些困擾或擔憂，擔心你會不會馬上拒絕，擔心你會不會給他臉色看。因此，在你決定拒絕之前，首先要注意傾聽他的訴說。

  傾聽能讓對方先有被尊重的感覺。在委婉表明自己拒絕的立場時，你盡量避免讓他產生被傷害的感覺，不要讓他覺得你在應付。如果你的拒絕是因工作負荷過重，傾聽可以讓你清楚地界定對方的要求是不是你分內的工作，是否包含在自己目前重點工作範圍內。

或許，你仔細聽他的意見後，會發現協助他有助於提升自己的工作能力與經驗。這時，在兼顧目前工作原則下，犧牲一點自己的休閒時間來協助對方，對自己的職業生涯也有幫助。

- **用溫和的語氣，堅定地說「不」**：當你仔細傾聽同事的要求，並認為自己應該拒絕時，說「不」的態度必須溫和又堅定。好比同樣是藥丸，外面裹糖衣，就比較容易讓人入口。同樣，委婉表達拒絕，也比直接說「不」讓人容易接受。

- **多一點關懷**：拒絕時除了提出替代建議，隔一段時間還要主動關心對方。有時候拒絕是漫長的過程，對方會不定時提出同樣的要求。若能化被動為主動關心對方，並讓對方了解自己的苦衷與立場，則可以減少拒絕的尷尬與不良影響。

  拒絕的過程中，除了技巧，更需要發自內心的耐性與關懷。若只是敷衍了事，那麼對方會覺得你不是誠懇的人，從而傷害自己的人際關係。

> **人脈感悟**
>
> 人與人的相處，相互幫忙是應該的。如果能主動幫助別人，你當然會更受歡迎。但是，如果你是被某種心理壓力所迫，對一切都點頭答應，實際上就是屈服，這樣會讓自己非常痛苦。要消除這種痛苦，就必須改變這種狀況，勇敢地對不合理的請求說「不」。

與競爭對手友好相處

　　波灣戰爭之後，美軍方提出了戰爭狀態下士兵的「生存能力」比「作戰能力」更為重要的全新理念。於是，一種被稱之為「艾布蘭」式的 M1A2 型坦克開始陸續裝備美陸軍。這種坦克的防護裝甲是當時世界上最堅固的。那麼，這種最堅固的防護裝甲是如何研製出來的呢？

　　喬治‧巴頓中校是美國陸軍中最優秀的坦克防護裝甲專家之一。他接受研製 M1A2 型坦克裝甲的任務後，立即找來一位「冤家」做搭檔，即畢業於麻省理工學院的著名破壞力專家麥克‧馬茲工程師。兩人各帶一個研究小組開始工作，不同的是，巴頓帶的是裝甲小組，負責研製防護裝甲；馬茲帶的則是破壞小組，專門負責摧毀裝甲小組研製出來的防護裝甲。

　　剛開始時，馬茲總是能輕而易舉地將巴頓研製的新型裝甲炸個稀巴爛。但是，隨著時間的推移，巴頓一次次更換材料、修改設計方案，終於有一天，馬茲使出渾身解數也未能奏效。於是，世界上最堅固的坦克在這種近乎瘋狂的「破壞」與「反破壞」的試驗中誕生了。巴頓與馬茲，這兩個技術上的「冤家」，也因此同時榮獲了勳章。

　　在公司裡，同事既是你的戰友，也是你的對手。只有勇於競爭、勇於勝利，你才能超越他們，成為最優秀的那一個。要知道，你最大的敵人永遠是自己。只要戰勝自己，便戰無不勝、攻無不克，而你的競爭對手則是你的警策對象。只有善待

對手，才能讓他幫你保持永恆的戰鬥力，也才能像巴頓與馬茲那樣，從這種「破壞」與「反破壞」中榮獲屬於自己的勳章。

　　一個人若沒有朋友固然可悲，但若沒有對手，則會很孤獨。有對手，我們才會有危機感，也才會有競爭力。正因為有對手的存在，才使得我們發憤圖強、推陳出新、銳意改革，甚至不敢稍有懈怠，否則，只能等著被社會淘汰。

　　在職業生涯裡，我們會遇到很多同事。在與同事共事的過程中，與其發生競爭是不可避免的。要正確處理與同事的關係，就必須正確認知與同事間的競爭。要知道，競爭並非單純的利益相爭，而是各自能力的展現。抓住與同事公平競爭的機會，讓同事了解自己、接受自己，並使自己成為同事最信任的朋友。

　　由於同事之間存在競爭，他們自然成為你的競爭對手，因此有些人會把同事視為心腹大患，恨不得除之而後快。其實，只要反過來仔細想想，你便會發現能擁有一個強勁的對手並不是一件壞事。因為，有這樣強勁的對手存在，你才有逼自己積極進取的力量。一個強勁的對手會讓你時刻有危機四伏之感，會激發你更加旺盛的精神和鬥志，因此你要善待自己的對手，讓自己在與之競爭的過程中，變得更加強大。

　　有競爭就會有壓力，而有壓力並非壞事。不要抱怨競爭對手給的壓力，而要勇於競爭，勇於勝利。日常工作中，多一些來自競爭對手的壓力，會讓我們能夠更努力地完成工作，才能

使我們一次次取得更大的進步。

　　不要把人際關係看得過於神祕。有效交往的關鍵是要找出最適合的交往方式。關於如何與競爭對手友好相處，以下五點可供大家參考：

- **傾聽與學習**：不要剛開始就急著要別人認清你，應該把精力花在觀察周圍的事物上，並提出切中要領的問題，而不是一味地想讓別人知道你有多博學多聞，有多重要。同時，對每個人都一樣友好。任何人日後都可能成為你的好朋友、重要的工作夥伴，甚至變成你的上司。因此，千萬不要認為他現在不是重要的角色，就忽略他的存在。

- **不要妄下判斷**：第一印象往往是最不可靠的，所以在還沒與對方交往一段時間前，不要立即對他妄加評斷。同時，也不要隨意聽信別人的閒言閒語，讓自己保持開朗的胸襟，以眼見的事實客觀判斷每個人。

- **不要打聽同事的隱私**：特別喜歡打聽有關同事的閒言閒語，對你的聲譽絕不會帶來好處。同時，還可能讓你成為別人談論的對象，且別人對你會產生很強的防備心，從此不再信任你。

- **與遇到的每位同事尋找共同之處**：共同之處會增加他們加入你關係網絡的可能性。每次與同事交談，都要讓他們推薦你一些潛在的朋友。

- **不要停止發展自己的關係網**：強大的關係網能帶給你無限的機會。比如，幫你帶來機會的人，是你透過自己的關係網而認識的。同時，有效地維護關係網是一個雙向的過程。

> ### 人脈感悟
> 在同個地方工作，同事間必然會有相互幫助的關係。若處理不好這關係，那吃虧的只會是自己。因此，與同事建立一個相互協助的關係，是最重要的。正如人們常說的：「有了關係才好辦事，而辦事必須要有關係。」

要與同事和平相處

　　小白與小龍同是某公司的員工。一天，小白閒來無事，偷看小龍的日記，並四處散播他患腎結石的隱私。讓小龍最不能容忍的是，小白還不斷向小龍心儀的對象「阿蓮」說自己的是非。這讓小龍感到自己在「阿蓮」和其他同事面前顏面盡失。

　　不久，由於承受不了壓力，小龍便辭掉工作。辭職後的小龍，越想越氣憤，覺得如果不對小白施以顏色，實在「不算個男人」。小龍就打電話給幾個朋友，決定報復小白。

　　小龍和朋友一起守在小白下班的路上，將下班回家的小白一頓亂打、亂砍。小白身中多處刀傷，最終因失血性休克死亡。

　　從這慘劇中，大家應該吸取教訓，要永遠記得隱私是「別人」的私事，而不是「自己」的。你不要在與同事相處時，去探詢對方隱私。當遇到別人在談及某位同事的隱私時，你最好馬上走開，不要參與。這樣，你就可以減少很多是非的煩擾。

　　平常在公司裡，我們在學會保護自己隱私的同時，也要懂得保護同事的隱私。這是為了不讓自己受傷害，也是為了能好好地工作，少招惹是非。

　　同事間存在競爭的利害關係。尤其是在一些外資企業裡，有的只追求工作的成績，希望能以此贏得老闆的好感，並以此獲得升遷的機會。從某種程度來說，這種競爭並不只是單純的真槍實彈之實力較量，還摻雜個人感情、好惡以及與老闆的關係等比較複雜的因素。

　　雖從表面上看來，大家都是同心同德、和和氣氣，但是，在各自內心裡很有可能已經打起各自的如意算盤。正因這種利害關係，可能會導致同事間不能同舟共濟，甚至彼此間的人際關係出現緊張的局面。

　　既然互為同事，那就會天天一起工作，低頭不見抬頭見，彼此之間發生各式各樣雞毛蒜皮的事情。特別是時間久了，每個人的個性、脾氣、稟性等都會明顯暴露出來。一旦行為的缺點和個性的弱點暴露多了，就會引發各種瓜葛和衝突。這種瓜葛和衝突，有些只是表面的，而有些卻是隱蔽的。

在同一家公司，彼此年齡不同，喜好也不相同。如果某人具有熱情、友好、大方以及滿懷善意的心，那麼他將會得到別人的理解、信任及友誼；如果某人具有冷淡、自私、小氣以及算計他人的個性，那麼他肯定會招致大家的反感、懷疑及戒備，而讓大家都遠離他。

在日常工作中，待人刻薄以及喜歡算計，最容易傷害同事關係。一家公司裡，如果這樣的人越多，表示這個部門裡的人際關係越複雜，「內耗」也會越嚴重，工作效率也會不高。反之，大家都把精力集中在工作上，不過多注意別人缺點，人際關係就會因而變得正常、簡單，工作效率也會在不經意間得到提高。

在競爭越演越烈的當今社會，同事間很難避免出現暗地裡的競爭。從表面上看，大家可能處得非常好，然而，實際卻完全不是這麼回事。有的人總是在想該怎麼讓對方在工作時出點差錯，因為這樣一來，自己就有機可乘，可得到上司的賞識。

在進入一家公司初期，無論周圍同事有多冷漠，你都必須花時間慢慢地、小心地營造與同事間的人際關係，切忌尋求短時間內的速效。

每個人、每個組織、每個國家都有自己的祕密。當你在某個公司待得時間久了，多多少少總會知道一些祕密。這些祕密可能是公司的，也可能是某位同事的。要知道，辦公室看似平靜，實則常常激流暗湧。無意間知道的這些祕密隱私，也許正

是別人對你痛下殺手的原因。如何處理這些祕密需要你用心思考、認真謹慎的掌握問題。

有時，人們喜歡把自己的煩心事告訴別人。或許偶然間，會有人把你當真心朋友對你傾訴。這時，雖然你獲得同事的隱私，也不要以為同事會因此而把你當知己對待，更不要自鳴得意。因為，同事可能是在某個感性時刻，把自己的心裡話告訴你。恢復清醒時，他說不定就後悔了，而對你懷有一種十分複雜的心理。既想跟你親近，又怕你拿他的隱私威脅他，或把他的隱私傳出去。

這樣一來，無形中你就增加了一分擔子，承擔了一分責任，受到了暗中監視，暗藏了一絲禍端。無論是有意的還是無心的，同事的隱私一旦從你的口中洩露，不僅會讓同事難堪，而且會讓你的信譽大打折扣。因此，不管你知道什麼，都應該把嘴巴閉緊，否則對你將來發展會極為不利。

同事的個人祕密，當然帶些不可告人或不願讓他人知道的事。不管同事是在什麼情況下告訴你的，都表示他曾經對你有足夠的信任，你們之間的友誼肯定也會因此超出別人一截。

如果同事從別人口中聽到自己的私密，那同事肯定認為是你出賣了他。他一定會後悔以前付出的友誼和信任，從而惱羞成怒，甚至跟你翻臉。反之，如果你把他的祕密守口如瓶，事情就不會這樣了。他會認為你尊重他的隱私，是個值得信賴和

第七章　同事幫助，你工作無憂

託付的人。時間久了，你們的友誼肯定會更進一步。

　　不隨便洩露個人隱私，是鞏固職業友情的基本要求。如果這點做不好，恐怕沒有哪個同事敢和你推心置腹。

　　那些太過信任同事的人，不要動不動就對同事掏心。畢竟，同事只是工作夥伴而已。你不可能要求他們像兄弟姐妹一樣為你保守祕密。如果對同事要求過高，勢必會讓你失望。當然，知道同事的隱私，也不要到處散布，否則，可能會引來禍患。

> **人脈感悟**
> 隨便打探同事的私事，或隨意傳播同事的隱私，都會傷害到他們，因而使自己與相關同事關係惡化，甚至讓無關的人也厭煩你。

與同事一起進步

　　耿小華和葉春明同時進入一家電力公司，在工作中也不相上下。耿小華是電力局耿局長的寶貝兒子，而葉春明沒有什麼關聯。

　　由於耿局長，上司比較關照耿小華。葉春明未因沒什麼關聯而表現消極。在日常工作中，葉春明常與耿小華互相協作、互相配合，彼此非常有默契。耿小華也願意和葉春明一起工作。在 10 萬伏高壓輸電線路安裝過程中，耿小華和葉春明一組，晚上看圖紙，安排工序，白天幹活，比預定工期

提前 1/3，因此受到表彰。

有朋友勸葉春明：「耿小華本來就有靠關係。現在，你幫他的忙，等於斷送自己的升遷之路。」葉春明對朋友說：「首先，我佩服耿小華的能力和人品。耿小華雖是耿局長的兒子，但不靠父親，而靠自己的實力。全局有幾個人能進行 10 萬伏的帶電作業？人家就是一個。其次，如果我水準不夠，即使上司不看重耿小華，我也不會有什麼出息。最後，一旦耿小華升遷，我和他配合很有默契，工作起來也順手。」

在相互配合下，耿小華和葉春明得到很好的成績。上級認為兩人的能力一樣突出，並授予他們「優秀班組」稱號。在耿小華被提為安裝隊隊長後，葉春明理所當然地成了副隊長。葉春明心裡也知道，沒有耿小華的幫助，只靠自己也不會有這麼突出的成績。

不久，透過自己的努力，耿小華調到另一部門擔任正職。這樣，葉春明的路也寬廣起來，而且，兩人在兩個部門相互協調，工作做得更好了。

高效的團隊成員通常都具有互助精神。互助精神是指把團隊的目標置於個人目標之上，樂於一起工作並幫助他人獲取成功。無論具體行為是如何表現的，那些被認為具有互助精神的成員，常常竭盡所能幫團隊獲得成功。

每個人都是團隊的一分子，在工作中有千絲萬縷的連繫，就像是臺大機器上的一顆小螺絲釘，缺一不可。身為團隊一員，你必須端正自己的位置，學會價值分享，而不是獨吞榮

譽。一個不會與他人分享榮譽的人，永遠不可能是成功的人。工作就像打籃球和踢足球，是群體專案，需要全體隊員的合作，需要很強的團隊精神，同時又要各司其職、各盡其能。

在講究合作、雙贏的時代，合作讓自己走得更快、更高，而分享讓自己得到周圍同事的認可和尊重。

每個人都渴望成功和榮譽，但是，成功和榮譽往往要靠大家的共同努力才能獲得，需要你與同事們的精誠合作。榮譽是屬於大家的。沒有同事的幫助和協作，任何人都很難成就大業。因此，你在享受榮譽的同時，不要忽略周圍同事的感受。

在一家出版社工作的編輯小焦，同時擔任該社下屬的一個雜誌社主編。小焦平常在部門裡上上下下關係都不錯，而且很有才氣，工作之餘常寫點東西。有一次，小焦主編的雜誌在評選中獲得大獎。他感到無比光榮，逢人便提自己的努力與成就。當然，同事也向他祝賀。但過了一個月，他卻失去了往日的笑容。他發現部門同事，包括他的上司和下屬，似乎都有意無意地跟他過不去，處處回避他。過了一段時間，小焦才發現，他犯了獨享榮譽的錯誤。

雜誌的獲獎，身為主編的小焦貢獻當然很大，但也需要其他同事的努力。其他同事也應該獲得分享，但小焦卻自己獨享，當然會讓他們內心不舒服。因此，當你在職場上有特殊表現而受到肯定時，一定不能獨享榮譽，否則這榮譽在給你帶來

快樂的同時，也會給你的職場仕途帶來隱患。

　　獲得榮譽時，你要學會謙恭。這麼做，同事們的內心就會認為你是個謙虛、識大體的人，而不會找你麻煩，或成心與你過不去。另外，別總是向同事提自己的榮譽，說多了，就變成自我吹噓，造成你與同事之間的隔閡。聰明人不會獨享榮譽，說穿了就是不會破壞別人的生存空間，因為向其提及你的榮譽，會讓他們變得黯淡，甚至產生不安全感。

　　獲得榮譽時，你要先感謝同事，並與他們分享，這好比讓同事吃下了一顆「定心丸」。如果你沒去感謝同事，並與他們分享，必然會受到同事的反對，甚至會讓他們成為你通往成功之路的障礙。正如人們常說的：「種瓜得瓜，種豆得豆。」如果種下的是妒忌和怨恨，收成的絕不可能是幸福和富足。學會分享榮譽，實際上就是在為自己以後的發展做投資。

　　當得到進步或階段性成功時，你要及時給曾幫你的同事真誠的感謝與回饋，與他們一起分享勝利的成果，與他們一起總結，並把成功帶給你的喜悅化為分享後的動力，從而激勵你繼續進步，尋求更大的成功。

　　在日常工作中，就算是憑一己之力得來的成果，也不可獨占功勞。你要讓那些同部門，且曾幫助過你的同事一起分享。別擔心你所扮演的角色會被同事們遺忘，因為你的所作所為在上司眼裡看得清清楚楚。如果自己一味賣弄、誇耀，反而會落

得邀功之嫌，同時周圍同事也會覺得無趣。如果你大大方方地和同事分享功勞，一方面可以做順水人情，另一方面上司也會因為你很懂人際關係，而給你更高的評價。

　　想要做到與同事共同進步，你可以從以下三個方面開始做起：

- **與同事分享**：同事或許不羨慕你獲得多少利益，而是羨慕那種取得成績的感覺。你應主動口頭上感謝同事的幫助與合作，讓他們有受到尊重的感覺。如果你的榮耀實際上是依靠同事協力完成，那你更不應該忘記這點。你可以採取多種方式與周圍同事分享，讓他們都感受到你成功的喜悅，這樣他們就不會對你心生不滿了。

- **感謝同事的幫助**：感謝同事的幫助，不要認為成績的獲得都是自己的功勞。如果實情真是如此，那麼你就更應該感謝同事。可能同事的協助有限，上司也不值得恭維，但你也有必要向他們表示感謝。雖然，這樣做可能顯得你有點虛偽，但是聽到的人心裡卻會感到很愉快。

- **為人要謙恭**：獲得榮譽，你心裡高興，這種心情完全可以理解。但在你沾沾自喜時，周圍同事心裡可能就不平衡了。他們可能會在工作中有意無意地牴觸你，讓你碰釘子。因此，不管你獲得怎樣的榮譽，都不要忘記謙恭。

人脈感悟

只有樂於分享、勇於分享、學會分享，才能真正達到雙贏的結果。特別是在獲得榮譽時，如果一人獨享成果，必定會引起周圍同事的反感，而斬斷與他們合作的道路，也喪失再度成功的機會。

不吝惜稱讚同事

有位不苟言笑的人，平常很吝嗇給人讚美或掌聲。有個深知他脾氣的朋友去他家做客，想讓他改一改這種個性。

有一天，朋友去他家吃飯，指著桌上的烤鴨問他：「為什麼這隻鴨只有一隻腳？」

他說：「不可能啊，我們家的鴨子都是兩隻腳呀！」

朋友說：「我明明看見你家池塘裡的鴨子都只有一隻腳。為什麼你家的鴨子比較特別？」

於是他帶朋友去池塘看鴨子。由於正在睡午覺，鴨子都縮著一條腿，只用一條腿站立。

朋友說：「我就說你家的鴨子只有一隻腳吧！」

他想了想，往鴨子棲息的方向用力地鼓掌。掌聲使鴨子紛紛把縮著的那隻腳放了下來，這下鴨子立刻變成兩隻腳。

朋友趁機說：「鴨子聽到掌聲都會多出一隻腳來。人其實也是一樣的。」

這時，他聽懂了朋友的深意，於是改變了自己的個性。

讚美是我們與同事搞好關係的最佳方式。每個人都希望聽到別人的肯定和欣賞。讚美對於我們而言，只是舉手之勞；但對於別人而言，讚美的重要性是遠遠超出我們的想像的。

讚美可以幫助拉近與同事的距離。其實，讚美同事很容易。用心去觀察對方，在他身上所發現的不同之處和優點，就是值得讚美的。

讚美和「拍馬屁」完全不同。讚美是出自真心，是對別人的優點、美德真誠的欣賞；而「拍馬屁」的出發點，則是為了獲得私利。

肯定你所能肯定的，讚美你能夠讚美的。如果我們正在尋找跟同事相處的最佳方式，或我們想讓自己的團隊更有氛圍和鬥志，那麼絕不要吝嗇讚美和肯定。肯定和讚賞最能拉近彼此的距離，能改變周圍同事對你的觀點，是最好的人際關係潤滑劑。人們都喜歡與肯定自己的人共事和合作。

在現實生活中，沒有人不想聽到讚美自己的話。讚美是用語言表達對人或事物優點的喜愛之意。讚美猶如和煦的陽光，讓人們感受到人間的溫情；讚美又像潤滑劑，調節人們相互間的關係。讚美不僅能讓人的自尊心、榮譽感得到滿足，而且能讓人感到愉悅和鼓舞，從而會對讚美者產生親切感，相互間的交際氛圍也會大大改善。

一個懂得為別人喝彩的人是智慧的人。欣賞和讚美他人

時，也是不斷提升和完善自己的過程。多欣賞別人的長處、投以敬佩的目光、報以熱烈的掌聲、送以友善的微笑、致以真誠的祝福和讚美，跟別人一起分享快樂和成功，是世界上最開心的事情。

　　長時間處在沉悶的辦公室，忙碌於無盡的檔案和繁雜的公務，我們會發現，曾經讓自己熱愛和感興趣的工作，在不知不覺中變得失去了熱情。面臨越來越大的工作壓力，我們的情緒會變得焦慮和憂鬱，性情會變得煩躁，經常想些不愉快的事情，對能簡單完成的工作也會覺得複雜和困難。這時，我們內心深處會湧起一種渴望，渴望得到他人的關心和讚美。因此，如果在工作中能經常肯定、讚美同事，即使與工作無關，也能成為你與他建立友誼的橋梁，而他也會樂於幫助你解決問題，讓你始終處於一個非常愉悅的工作狀態中。

　　常常讚美同事，能拉近你與他們之間的距離，獲得他們對你的認可。因此，讚美就成為與同事相處的實用交際技巧。工作中少不了讚美，但是讚美也是有原則的，不然你就會有阿諛之嫌。為了使讚美發揮更好的效果，你要注意以下四點：

- **讚美要發自內心**：發自內心的真情讚美才不會給人虛假、牽強的感覺。帶有情感體驗的讚美，既能展現人際交往中的互動關係，又能表達出自己內心的美好感受，而讓對方能感受到對他真誠的關懷。只有發自真心真意，才會達到

讚美的效果，也才會讓對方覺得你真實可靠，並打從內心
喜歡你。如果讚美得太離譜，言過其實，那對方很可能會
懷疑你的真實目的。

· **讚美不要含糊其辭**：讚美別人跟送禮物一樣，要適合，否
則，只會讓對方不置可否。讚美不妨從具體的角度著手。
越具體，就表示你對他越了解，而越能拉攏你與他之間的
關係。另外，不一定非要讚美他眾所周知的長處，如果能
從他既可貴又不太為人所知的地方著手，那就更能發揮意
想不到的效果。

· **讚美也要注意分寸**：適度讚美能讓人樹立信心，反之，則
會讓人反感、難堪。讚美的內容要適度，要有分寸，盡量
做到恰如其分。讚美的方式、地點以及頻率都要恰到好處
才行。注意觀察對方的狀態是很重要的過程，如果對方恰
逢情緒低落，或有其他不順心的事，過分的讚美往往會讓
他覺得不真實，因此一定要注重對方的感受。

· **把讚美給那些看起來並不起眼的人**：最需要讚美的不是早
已名揚天下的人，而是那些看起來並不起眼的人。特別是
被壓抑、自信心不足的人，一旦被真誠地讚美，就有可能
自信心倍增，精神面貌煥然一新，重新鼓起生活和工作的
勇氣。

人脈感悟

生活中，人人都需要讚美，需要別人的肯定。因此，只有抓住人們的這種心理，才能抓住交際成功的關鍵。因此，在與同事交往中，不妨多用讚美的語言，這樣才能得到最寶貴的友誼。

不要跟同事斤斤計較

一家合資公司在過去一年裡獲得良好的經營業績。為了犒賞大家，在公司除夕舉行的年終宴會上，公司董事會給每位中層以上管理幹部分發一隻名貴鮮活從澳洲進口的大澳鮑，作為年終宴會上的一道佳餚。

可是，這些鮮活的澳鮑有大有小，有肥有瘦。怎麼分給大家才算公平，變成一件困難的事，也讓負責分發澳鮑的人事部經理感到為難。

正當人事部經理束手無策時，公關部經理走了過來，說：「這些澳鮑很好分的。」說完，他從中拿出一隻又小又瘦的澳鮑，回到座位上去了。

其他人也紛紛仿效他的作法，都挑又小又瘦的拿。不一會兒，這些澳鮑就順利分發完畢了。這位帶頭挑澳鮑的公關部經理因此贏得公司同事的尊敬，也得到公司董事會的器重，不久就被提拔為總經理助理。

這個故事說明了「吃虧是福」的道理。對這位公關部經理而言，這「虧」不就是「福」嗎？他吃點虧讓同事們賺便宜，會讓同事們覺得他有度量和涵養，因而對他肅然起敬。他也因此能獲得同事們的尊重，人際關係當然比別人好。在他遇到困難時，同事們自然樂於向他伸出援助之手。在他做事時，同事們會給他幫助和支持，他做事的成功機率也就會提高許多。

只要在生活中常常抱持「吃虧是福」的心態，那麼世間的矛盾至少會減少一半，人與人之間的關係也會變得和諧美滿。那些貪小便宜的人常常因小失大，儘管他們在與某些老實人的交往中，得到眼前一點小小的利益和實惠，卻可能因失去做人最起碼的誠信，再也得不到他人的信任，實質上是吃了「大虧」。反之，那些老實人表面上看起來吃了點虧，失去一點利益，但他們卻因此贏得人們的信任，得到了人心。

俗話說：「吃虧人常在。」這句話包含三層意思。人生在世不可能不吃虧，世上難有完全公平之事，有便宜就有吃虧，總想討便宜是不可能的；能正確對待得與失的人，是心胸開闊的人，會健康長壽快樂一生；吃虧與不吃虧是相對的，有失必有得，有得總有失。因此，如果一個人能堅毅忍耐、不怕吃虧，那麼他不僅有良好的品德意志和精神風範，也是值得人們在為人處世上學習的楷模。

越是不肯吃虧的人，越有可能吃虧，而且往往還會吃大虧。

勇於吃虧是一種胸懷，更是一種氣度。不懂得吃虧，就不

能完美地領悟人生；不懂吃虧，也就不會有事業的壯麗輝煌。大家只要留心觀察身邊的同事、朋友，不難發現，凡是能在事業上有所成就，並取得傲人業績，尤其是那些得到傑出成績者，無一不是能吃虧、敢吃虧的人。那些碌碌無為、毫無建樹之人，大多為一點小小的利益就斤斤計較，甚至爭得頭破血流。

學會如何吃虧，是一門學問。在與公司同事相處過程裡，多多參悟，也許某一天，你就能將之運用自如，替自己的事業打開方便之門。

初入職場的大學畢業生是數量可觀的群體。他們猶如初生牛犢，後生可畏，但外界的壓力很大，競爭也很殘酷。許多大學生抱怨自己平時「吃的是雜糧，幹的是雜活，做的是下人。」其實，一名新手剛到一個部門，上司通常不會把重要任務交給他完成。那麼，怎麼讓上司對你的工作能力產生信心呢？這就要從你剛開始做的那些雜活著手了。雖然，那些雜活不是很重要，但你依然努力完成，這其實就是在為你自己加分。雖然，不少大學生覺得這是吃虧，但這卻是一條讓自己的工作能力可以得到上司認可的道路。

對於任務中因爭端而吃點虧，你不妨「大事化小，小事化無」。每個人在任務中都會有不順心時，但盡量忍讓，不惹事端，多考慮同事的感受，多感謝他們對自己的幫助，這將有助於你以後完成任務。

第七章　同事幫助，你工作無憂

　　初入職場，大學生從「學校人」變成「職業人」，不光要逐步提煉自己的職業含金量，還要看淡平時吃的「虧」。如果能化被動為主動，轉「虧」為「福」，那麼你就能贏得同事們的欣賞和幫助。

> ### 人脈感悟
>
> 職場上，如果不過分計較個人得失，對個人利益能坦然處之，那麼你失去的大多是暫時的。適當時吃點虧，有助於塑造良好的個人形象，博得別人的認同和好感，而能獲得好人緣。

第八章
尊敬下屬，令行禁止

高明的上司能夠妥善處理與下屬的關係，既能夠營造與下屬和諧相處的氛圍，又能夠樹立自己的威信，使下屬高品質地完成自己下達的工作任務。

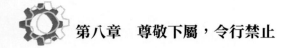

顧及下屬的面子

　　《三國演義》中諸葛亮七擒孟獲的故事家喻戶曉。孟獲是三國時期南中地區少數民族的首領，也是當地很有影響力的人物。他和朱褒、雍闓、高定等人勾結，推舉雍闓為主帥，趁蜀國對吳國作戰失敗、元氣大傷、劉備剛死、政局不穩的機會，煽動少數民族，殺死蜀國派駐這地區的官吏，公開發動武裝叛亂。

　　為了維護蜀國的統一，諸葛亮分兵三路，向成都進軍。諸葛亮採納了參軍馬謖的建議：這次出征的目的，並不是把那些叛亂分子斬盡殺絕、占領他們的城池，而是要征服當地領袖人物的心，使他們心悅誠服地服從蜀漢的統治，以後不再發動叛亂。

　　諸葛亮出兵不久，南中地區的叛軍內部有了變化，雍闓被部下殺死，孟獲做了主帥。殺高定、破朱褒後，諸葛亮帶領軍隊渡瀘水追擊孟獲。因為，孟獲在當地群眾裡有不小的威望，當地少數民族和漢族都服從他的指揮，所以諸葛亮命令不准殺害他，一定要活捉。孟獲接連被生擒六次。每次諸葛亮都對孟獲以禮相待，完好無損地放他回去。

　　最後一次交戰時，諸葛亮把孟獲的軍隊引到一個山谷中，截斷他們的歸路，然後放火燒山。只見滿山烈火熊熊，把孟獲的將士燒得焦頭爛額，叫苦連天，而孟獲自己也第七次被蜀兵活捉。

　　孟獲又被押解到蜀軍營帳，士兵傳諸葛亮的將令說：「丞相不願意再見孟獲，下令放孟獲回去，讓他整頓好人馬，再

來決一勝負。」

　　孟獲想了很久後，說：「七擒七縱，這是自古以來沒有過的事。丞相已經給我很大的面子了。雖然，我沒讀過多少書，但也懂做人的道理。怎能再與丞相為敵呢？」接著跪在地上，滿眼熱淚地說：「丞相天威，我再也不造反了！」

　　諸葛亮很高興，趕緊把孟獲攙扶起來，請他入營帳，設宴招待，最後又客客氣氣地把他送出營門，讓他回去。

　　孟獲七次成為諸葛亮的手下敗將，丟盡顏面。原本，可殺可剮全憑諸葛亮發落，但諸葛亮非但沒有殺他，甚至沒有說一句羞辱他的言辭，反而以貴賓之禮對待他。

　　在日常工作中，對那些頑固的下屬，你不能一味使用強硬的手段，以硬碰硬，這樣即使能制服其人，也未必能收服其心。俗話說：「軟繩子捆得住硬柴火。」採取以柔克剛的方式是對付強硬分子的上上策。

　　臺灣人向來很愛面子。面子是傳統文化的重要組成成分，隨著時代的流逝已潛移默化在行為習慣中，具備強大、持久的影響力。即使今日，面子文化依然是重要的文化特徵之一。

　　「愛面子」本身未必是壞事，「愛面子」也是因上進心致使的。如果上司能積極引導，下屬能將其轉變為工作上進取、變革的動力，那無疑是一件好事。無數的創新、成功、進步都是源自於「不服氣、不認輸」等淺顯卻本能的動力。在某種意義上，正是「愛面子」背後的內在動力，推動人類的進步、組織的發展以及國家的富強。

保留別人的面子，對自己有百利而無一害，因為你給對方面子，對方肯定會心存感激，因而想方設法報答你。有時，給別人面子，比給他金銀珠寶更有用。

　　戰國時期，楚莊王戰勝鄰國後大宴群臣，席間請寵妃替他向大臣們敬酒。其中，有一個將軍酒後失態，趁年輕貌美的寵妃敬酒之際摸她的手。不料一陣大風吹熄所有的燈，黑暗中寵妃機智地摘下那人頭盔上的紅纓以作憑證，哭著請求楚莊王處理非禮者，並交上紅纓為據。

　　楚莊王知道後，並沒有追究，而是要所有將軍都摘下帽上的紅纓。燈點亮時，寵妃分辨不出調戲者是誰。那位將軍明白，楚莊王之所以這麼做，是免得他當眾出醜。

　　後來，在一次戰鬥中，楚軍被敵兵團團圍困，陷於欲進不能、欲退無路的境地，楚莊王大急。就在此時，旁邊有一名猛將殺出，威猛無比，奮不顧身，殺得周圍的敵兵四處潰散，最終挽救了這場敗局。這名猛將正是那位被寬容的將軍。

　　在日常工作中，下屬可能時常犯些無關緊要的小錯誤。如果無傷大局，就放過，沒必要緊抓不放，更不要當眾批評。下屬犯錯時，最受不了的是被當面揭短，讓他蒙羞。這將讓他對揭短之人充滿敵意，一有機會，可能就會以牙還牙。

　　批評應就事論事，以不傷害下屬的自尊為前提，同時也要給他一個臺階下。激烈的措辭只會使下屬心生怨恨，從而背離你的根本目的。

批評、糾正下屬前，先停一下，想一想該如何更客觀、更準確、用更婉轉的措辭來達到目的。

批評是讓下屬改正錯誤的方法，但批評也要講究藝術。恰當的批評會讓下屬敲響警鐘，令其改正錯誤；反之，則會適得其反、弄巧成拙。上司想糾正、批評下屬，一定要注意場合，最好是在沒有第三者的情況下進行，否則，再溫和的批評也有可能會傷害到下屬的自尊，讓他覺得在同事面前有失面子。或許他會以為你是故意讓他出醜，或認為你這個人不講情面、不講方法、沒有涵養，甚至在心裡埋怨你動機不善。

如果必須在現場當眾批評下屬，態度措辭要特別謹慎，以不刺傷他的自尊為前提，否則，很難達到批評下屬、改變下屬的目的。許多可能是善意的批評，想幫助下屬改變錯誤，但由於措辭不當，導致其怨恨，甚至關係破裂，根本無法實現用批評去改變下屬的目的。

保有下屬面子的方法是幫他留臺階、留退路，讓他體面地退卻。當下屬已經明確表示某態度和意見，而你要糾正他時，最好的辦法是幫他找個合理的理由，且這個理由可使下屬不丟面子，又可讓他全面改變觀點和態度。

身為一名領導者，你讓下屬覺得沒面子，吃虧的並不只是他，還有你自己。相反，如果給足下屬面子，那將有助於他改正錯誤和缺點，且更加臣服於你，更樂意聽從你的調遣。

人脈感悟

面子雖然看不見、摸不著，但在某些情境下卻是一張王牌。身為一名管理者和上司，你不可不謹慎面對，在處理問題時要靈活應用，千萬不要輕易傷害他的面子。

恩威並施駕馭下屬

　　唐太宗李世民是位傑出的皇帝，很善於處理君臣關係，恩威並施、雙管齊下。

　　出身官宦世家的李靖，在隋朝末年，曾任馬邑丞。唐高祖李淵兵入長安時，將李靖擒獲，欲斬之。而當時還是秦王的李世民求情，赦免了李靖，讓他加入唐軍的陣營。

　　貞觀四年，李靖破突厥，因所率部隊紀律一時鬆弛，致使突厥珍物，被官兵擄掠殆盡。

　　御史大夫彈劾李靖，而唐太宗李世民卻予以特赦。等到李靖進見時，李世民則大加責備，李靖磕頭謝罪。過了很久，李世民又說：「隋朝時，史萬歲打敗達頭可汗，而隋文帝卻有功不賞，反而因其他小罪將其斬首。朕則不這樣處理，記下你的功勞，赦免你的過錯。」於是，李世民加封李靖為左光祿大夫，賜絹一千匹，所封食邑連同以前的共五百戶。

　　李世民駕馭功臣的方法便是恩威並用。李世民並沒有像唐高祖那樣對李靖動過殺機，只是想透過別人對他的彈劾，稍稍警告一下。

李世民很聰明，他知道對卓爾不群的李靖該怎麼收，應如何放，拿捏得恰如其分。所以，李靖會心甘情願地幫他打天下。

恩威並用，是古來將帥、君王所重視的統禦謀略之一。此謀略在現實生活中，應用範圍很廣。

日本企業家松下幸之助認為，經營者對部下，應是慈母手中緊握鍾馗的利劍，平常關懷備至，犯錯時嚴加懲戒，恩威並施、寬嚴相濟，如此才能成功統禦。

慈母的手、慈母的心，是每個經營者都應該有的。對於自己的屬下，要維護和關愛，因為他們是你的同路人，甚至是你的依靠，而且，只有如此，你才能團結他們。

管理下屬時，還必須嚴厲。這種嚴厲基於人類的基本特性而來。有些人不需別人的監督和責罵，就能自覺自發做好工作，且不出差錯。但是，有些人則是好逸惡勞，喜歡挑輕鬆的工作，揀便宜的事情，只有上司在後頭隨時督促，給他壓力，才會謹慎做事。對於這種人，你就只能嚴加管教，一刻不能放鬆了。

經營者在管理上寬嚴得體是十分重要的。尤其是在原則和條規面前，更應分毫不讓，嚴厲無比；對那些違反條規的，就該舉起鍾馗劍，狠狠砍下，絕不姑息。

索尼公司是靠生產電子產品起家的。隨身聽是該公司的重要產品。一次，索尼一家分廠的產品出了問題。這家工廠的產

品是銷售到東南亞的，總公司不斷收到來自東南亞的投訴。調查發現，這種隨身聽的包裝上出了些問題，並不影響內在品質，分廠立即更換包裝，解決了問題。可是，時任索尼公司董事長的盛田昭夫卻仍然「不依不饒」。

那家分廠的廠長被請到公司的董事會議上，對這錯誤作陳訴。在會議上，盛田昭夫對其進行了嚴厲的批評，要求全公司以此為戒。那個廠長在索尼公司幾十年了，第一次在眾人面前受到如此嚴厲的批評，難堪尷尬之餘，忍不住痛哭失聲。盛田昭夫的盛怒讓其他董事都覺得太過分了。

會後，廠長憮憮地走出會議室，正考慮準備提前退休。可是，盛田昭夫的祕書走來，邀請他一起去喝酒。廠長哪還有這樣的心思，無奈祕書幾近強拉硬扯，兩人走進一家酒吧。廠長問：「我現在是被總公司拋棄的人，你怎麼還這麼看得起我。」這位祕書說：「董事長一點也沒有忘記你為公司作的貢獻，今天的事也是出於無奈。會後，他怕你會為這事傷心，特地讓我來請你喝酒。」

接著祕書又說了一些安慰的話，廠長極度不平衡的心態開始緩和一些。喝完酒，祕書陪著這位廠長回到家。剛進家門，妻子迎上前來對丈夫說：「你真是受總公司重視的人啊！」

廠長聽了覺得非常奇怪，難道妻子也在諷刺自己？這時，妻子拿出一束鮮花和一封賀卡說：「今天是我們結婚二十週年的

紀念日，你也忘了。」在日本，員工拚命為公司工作，像妻子的生日以及結婚紀念日這種事情，通常都是不足為道的事。

廠長說：「可是，這跟我們總公司又有什麼關係？」原來，索尼公司的人事機關對職員的生日、結婚紀念日這樣的事情都有記錄，每當遇到這些日子，公司都會為員工準備鮮花和禮品。只不過今年比較特別，這束鮮花是盛田昭夫特意訂購的，還附上一張他親手寫的賀卡，勉勵這位廠長繼續為公司竭盡全力。

盛田昭夫不愧是恩威並重的老手，為了總公司的利益，他不能有絲毫的寬容，但考慮到這位廠長是公司的資深員工，且在生產經營上確實相當有能力，為了不打擊到他，便採用這樣的方式表達歉意。盛田昭夫經常使用這種方式，索尼公司的許多人把這稱之為「鮮花療法」。

客觀來講，「恩威並施」是種恩惠與威嚴兼施的戰術。兵法家孫子強調，為將者必須做到愛護士卒如同對待自己的兒子。只有這樣，士卒才可以與將軍一起共赴危難。但是，「慈不帶兵」，關心、愛護士卒又要掌握一定的尺度，必須刑罰嚴明。

古今中外的政治家、統治者，大多會使用「恩威並施」的軟、硬兩手策略。在企業管理上，「恩威並施」意思是，優秀的上司要善於激發下屬對事業的忠誠，上下同心完成各種目標，這不僅需要讓其感受到無微不至的關愛，還要擁有並學會使用權威來管理，因此，要恩惠和懲罰這兩手政策並行使用。

對屬下要恩威並濟。對下屬錯的地方，固然應當責備，但對其表現優越的地方，更不可抹殺，要給予適當的獎勵，他的內心才能得到平衡。

上司要懂「恩威並施」，就要學會「變臉」，有時要扮黑臉，有時要扮白臉，有時則要黑臉白臉輪流上演。這樣一來，下屬非但不敢輕易犯錯，而且還會對你敬佩不已，可謂一舉兩得。

人脈感悟

恩威並施強調的是在實施控制時，既要施之以恩、施之以德、感化影響、說服指導，從而贏得屬下的信賴；又要施之以威、施之以權、查驗所為、獎優罰劣，使屬下有敬畏之感。無論用人還是訓練人才，都要做到寬嚴得體，才能駕馭得好，並有效地發揮下屬的才能。

傾聽下屬的心聲

明太祖朱元璋以一介草民，卻登上皇帝寶座，如果沒有那麼多幕僚協助，是不可能實現的。

無論是在鄱陽湖打敗陳友諒，還是在平江消滅張士誠，抑或大軍北伐一統江山，朱元璋在作出大的決定前，都會把幕僚召到身邊，向他們徵求意見，仔細聆聽每個人的看法和想法。

登基做皇帝後，在傾聽下屬的心聲方面，朱元璋表現得更為明顯。從做皇帝的第一天起，朱元璋就每天安排一固定時間，在後花園邀請有名的儒士們，聽他們講解儒家學說，聽他們談論治國之道，聽他們獻言獻策。

朱元璋在聽臣子納諫時，總先表示，不管說得怎樣，有無道理，一律無罪。而且，每次都在臣子說完後，朱元璋才發表自己的看法，從不刻意打斷，並命人把重要的資訊記錄下來。

朱元璋靠傾聽，既明白臣子們內心的需要和想法，贏得了臣子們的心，又集眾人智慧於一身，維護自己對江山的統治，坐穩了皇位。

善於傾聽，給下屬充分尊重的同時，能輕而易舉地駕馭下屬，這正是能成為優秀管理者所必須具備的素養之一。

人與人的交往中，溝通的最高境界就是靜靜地傾聽。善於傾聽不僅需要技巧，更需要尊重別人的修養和虛懷若谷的心態。多聽少說的道理為大家所熟知，但在實際生活中，能真正做到「善於傾聽」之人，卻少之又少。

真正的成功者都是善於聆聽的人，他們的謙虛來自高度的自信，而那些自命不凡、心胸狹隘、閉目塞聽的人，他們的自負實際上是無知的外衣。無知會因閉塞而更加無知，而自信是睿智的果實，睿智將因傾聽而更加睿智。

懷疑所有人和相信所有人都是錯誤的。只有把自己的判斷

建立在充分地思考和分析基礎上，才有理由相信它。也只有這樣，大家才能真正學會傾聽，傾聽也才會有價值。如果不去傾聽，只悶著頭走自己的路，就屬於一意孤行；如果只去傾聽，隨著他人的路走，則是邯鄲學步。一意孤行是昏庸，邯鄲學步是愚蠢。所謂「思而不聽則滯，聽而不思則亂。」只有學會傾聽，用傾聽和自信去澆鑄心靈，才能為大家的心秤找到準星。

越是善於傾聽意見的人，人際關係越融洽。傾聽本身就是褒獎對方談話的一種方式。你能耐心傾聽對方的談話，等於告訴對方，「你是一個值得我傾聽的人。」這在無形中提高了對方的自尊心，加深了彼此的感情。同時，善於聽取別人的意見，可以彌補自身的不足，以不斷發展、完善自己。

善於傾聽的人，不光要聽，還要想。你站在對方的角度去思考問題，才能進入對方的心，才能共用對方的思維。只有真心為對方思考，你才能和對方站在同一條線上，否則就無法與對方達成共識，也就永遠不知道對方為什麼會那樣想，為什麼會這樣做。

想成為優秀的管理者，你就得好好使用自己的嘴巴和耳朵，就得把自己語言的優勢透過虛心的傾聽而發揮得淋漓盡致。事實上，管理在很大程度上是溝通問題，而絕大多數的管理問題是由於溝通不暢導致。許多管理者不願傾聽，尤其是不願聽下屬的意見，自然無法與下屬進行暢通地溝通，而影響了管理的效果。

能否傾聽反映管理者對下屬的態度，而如何傾聽則展現了管理者的水準。如果管理者認為自己聽見了就是在傾聽，那是不準確的。因為，傾聽不僅要用耳朵，還要用「心」。如果管理者能成為下屬的傾聽者，他就能滿足每位下屬的需求。

胸懷寬廣的管理者能包容下屬發洩心中的不滿。傾聽下屬的心聲對於管理者來說是一種難能可貴的特質，因為只有善於傾聽下屬心聲的管理者才會拉近與員工之間的心理距離，從而在情感上贏得員工依賴。

善於傾聽在管理中是門不可或缺的藝術，值得每位管理者好好學習。只有善於傾聽的人，才能從別人失敗的經驗中不斷吸取經驗和教訓，加快趨向成功的步伐。這樣的管理者才是英明的管理者。他們在傾聽的過程中，取別人所長，補自己所短。

每位管理者都有自我主張。在某種程度上，強烈的自我主張有助於迅速、果斷地決定問題。然而，如果自我主張過於強烈，那就不易傾聽別人的意見，往往造成一意孤行，也就說不上與下屬進行溝通了。管理者要給下屬提供回饋意見的機會，要讓下屬清楚地知道，你不僅允許而且鼓勵他們提出自己的看法和批評意見。

在傾聽意見時，管理者不要當場作出反應。阻止別人提出異議的最有效方式，是堅持固執己見。管理者固執己見是明確的信號，表示他不是真心對回饋的意見感興趣。如果管理者能對不同的異議保持寬容的態度，下屬就比較能自由地提出觀

點，或是對別人的觀點進行發揮。管理者對每種觀點都要加以考慮，並認真給予評述。對別人的觀點，無論有多麼愚蠢，管理者都不能置之不理。

由於自身知識的局限和看法的片面，管理者對某些情況可能不太重視，但必須知道這些可能對實際產生的深刻影響。因此，在對下屬提出的批評或負面看法表示異議、進行否決時，管理者要盡量慎重、盡量客觀，要對事不對人。

如果管理者傾聽並考慮下屬的想法，下屬會更服從管理者的指揮，更擁護管理者的決策。如果管理者不鼓勵下屬思考，下屬就會懶得動腦筋，只知道按管理者的意旨沒效率地執行任務。在現實工作中，傾聽、留意下屬的意見是管理者和下屬進行溝通最有效的方法。

好的傾聽者，用耳聽內容，更用心「聽」情感。正確的傾聽態度是達成最佳傾聽效果的前提。在管理領域，優秀的上司首先應該是位出色的傾聽者。上司只有善於傾聽，才會有人樂於向你傾訴。試想，一位不善於傾聽的管理者，在下屬剛開口時就馬上頂回去，甚至給予批評和指責，沒有引導鼓勵的話語，久而久之，有哪個下屬會沒事找事呢？而且，不了解下屬，怎能指導下屬？又怎能做好工作呢？由此可見，學會傾聽、善於傾聽，對上司多麼重要。

> **人脈感悟**
>
> 透過傾聽，管理者能與下屬保持暢通的資訊交流，保持冷靜的頭腦，及時發現和了解出現的失誤，並及時做調整。傾聽是極為重要、有效的一種激勵方法。它能促進下屬主動對公司作出貢獻，使公司獲得更高的工作效率。

不要與下屬走得太近

在戴高樂十多年的總統歲月裡，他的祕書處、辦公廳及私人參謀部等顧問和智囊機構，沒有人的工作年限能超過兩年以上。戴高樂曾對一位新上任的辦公廳主任說：「我任用你兩年。正如人們不能把參謀部的工作當自己的職業一樣，你也不能把辦公廳主任當自己的職業。」

戴高樂之所以如此，是出於兩方面原因。一是，在他看來，調動是正常的，而固定是不正常的。這是受部隊的影響，因為軍隊是流動的，沒有始終固定在一個地方的軍隊。二是，他不想讓「這些人」變成他「離不開的人」。

戴高樂是主要靠自己的思維和決斷而生存的領袖，不容許身邊有永遠離不開的人。只有調動，才能保持一定距離，而唯有保持一定的距離，才能保證顧問和參謀的思維及決斷具有新鮮感和充滿朝氣，也就能杜絕資歷高的顧問和參謀利用總統和政府的名義營私舞弊。

領導者不要和下屬過分親近，要與下屬保持一定的距離，給下屬獨立的空間，以獲得下屬的尊敬。

　　不少管理者喜歡與下屬保持很密切的關係，這本來是好事，但需要注意拿捏分寸，保持適當的距離。人與人之間的距離越近，彼此對對方的要求就會越高。一旦要求高到一定程度，你就會做不到，對方也做不到。做不到，就會造成傷害。這時，你反而得不到屬下的擁戴了。

　　管理者與下屬之間不可能不發生經濟往來，比如一起吃飯，到下屬家做客等，都是免不了的。需要注意的是，在這類情況下，管理者不能占下屬一分便宜。下屬往往希望不分你我，但是管理者不能這樣，經濟上不占下屬便宜，並且在其他方面也不能占便宜。

　　管理者在任何情況下都應該是積極向上、充滿熱情。因為沒有人會擁戴一個消極的上級。雖然，管理者也會鬱悶、也會煩惱，也有牢騷，但這些都必須埋在心裡，絕不能讓下屬看到。

　　如何激勵下屬是個大課題，特別是對下屬的深刻了解和對人性深度的掌握，都值得每一名管理者在實踐中不斷總結和提煉。

　　表揚是最普遍的激勵方法。但是，在一般情況下，還是盡量少進行公開表揚比較好。因為，公開表揚下屬有個極大的弊端，無論你公開表揚了誰，你的部分管理權威就轉移到被表揚者的身上。一旦他的表現不如從前，甚至出現不良行為，你轉移到他身上的那部分管理權威也就付諸東流了。

人們常說：「管理企業要靠制度，用制度管人，照流程辦事。」然而，事實卻並非如此，上級賦予你職位和職權，賦予你指揮下屬的權力。你執行規章，按照流程辦事，或許能實施指揮，但也許完全是表面上的。只有當下屬發自內心擁戴你時，他們才會付出全部的努力，制度的遵守、流程的執行才會變得輕而易舉。

在不同的團隊裡，管理者與下屬適當距離的遠近是各不相同的。

- **傳統型團隊**：這種團隊模式是我國中小型企業通常採用的模式。一名經理，配合幾名主管（通常不超過 4 名），然後每個小組再有 5 至 10 名員工。這樣的管理構架比較符合傳統的管理模式和管理思維，同時，這種組織相對來說也有較強的可控性。在我國，尤其是管理能力相對落後的企業比較喜歡這種模式，因為這對企業擁有者來說是較有安全感的。

  在傳統型團隊中工作的上司要想做好工作，應該與下屬保持較為親密的關係。這樣，管理者容易贏得下屬的尊重，下屬在工作時也願意從管理者的角度出發，替管理者考慮，並盡可能把事情做好。同時，管理者要與下屬保持適當的距離，尤其是心理距離，這樣可以保持他的神祕感，且減少下屬與下屬間的胡亂猜疑，避免不必要的爭鬥。

- **問題解決型團隊**：這種團隊成員通常不一定要在一起工作，但他們可能每週抽出幾小時去討論如何提高產品品質，如何增加銷售業績等組織上的問題。比如，項目小組或 1980 年代在歐美盛行的品管圈（團結圈）就屬於此類。在這種團隊中的管理者，平時並不需要做較多的管理工作。團隊成員通常更關注管理者的權威、協調能力及決斷能力，並不在意組織中管理者與下屬的關係，更樂於將管理者及下屬友好關係當成是純私人的交往。所以，這種團隊的管理者與下屬關係可遠可近。

- **自我管理型團隊**：這種團隊是當今較流行的團隊。全錄公司、百事可樂公司等都是推行自我管理型團隊的典型代表。這種組織通常具有很強的團隊精神，但也有其不完美的地方。相對來說，組織內部成員管理起來比較混亂。大家都覺得自己無權干涉對方，或這件事不是由自己負責，就不該過問。如果你是這種團隊的管理者，就要非常注意對團隊的監控，當然也包括授權工作。

  你的一舉一動都可能讓組織成員覺得你偏愛某人。但同時，你又不得不和組織部分成員保持良好的溝通關係，以便了解組織的決策和大家對問題的看法，並把這些資訊作為日後管理和決策時的參考依據。因此，在這樣的團隊中，管理者通常表面上和員工保持近似相等的距離，但在私下，又不得不有進一步來往。

> ### 人脈感悟
>
> 每個人都有傾訴的欲望，管理者也一樣，有高興的事，有煩惱、鬱悶，也需要向別人傾訴，以把快樂加倍，把痛苦減半。管理者可以向家人、朋友、上級傾訴，唯獨不可向下屬傾訴。一旦如此，管理者與下屬間的距離就太近了。

做體諒下屬的上司

西漢初年的帝王出於鞏固政權的考慮，往往把自己的兒子分封全國各地。

漢景帝有個叫劉發的兒子，被封為長沙定王。當時的長沙國即是現今的湖南省長沙市，離長安很遠。當時，那裡還是偏僻貧窮的地方，再加上低窪潮溼，誰都不想去。因為，劉發的母親本來只是個宮女，地位很低，所以就讓劉發去了。劉發雖然對此很不滿，但又不能不去，因為父皇的命令不能違抗。劉發只好暫時忍著，希望能等到合適的機會再回來。

漢景帝後元二年（西元前 142 年），諸侯王都到京城朝見景帝。景帝讓他們一個一個上前祝壽，並且必須唱歌跳舞。其他諸侯王都又唱又跳，輕鬆自如，有模有樣，大家都很開心。但輪到劉發上場時，跳的舞怪模怪樣，惹得旁邊的人捂嘴偷笑。

漢景帝覺得奇怪，就問他：「你這是怎麼了？」

劉發忙答道：「孩兒的封國太小，土地狹窄，手腳都放

不開，所以只好這樣跳。只要手臂和腳一伸開，就到別人的
封地上了，所以孩兒不敢隨便跳舞。」

漢景帝從劉發的一番話中意識到自己先前對他不夠公
平，決定重新發放三個郡地給他，以作補償。

體諒下屬有助自身事業的成功，同時也能得到收服下屬之
心的效果。美國汽車大王福特曾說過，「假如說我有什麼成功
祕密的話，那就是設身處地為別人著想，了解別人的態度和觀
點。」這樣，你不僅能得到對方的理解，而且還可以更清楚地
了解對方的想法，從而有的放矢地處理問題。因為，站在他人
的立場分析問題，所以能給人一種為其著想的感覺。

身為一名管理者，常常需要應對很多事，如何處理好各個
方面的人際關係是決定整個大局的關鍵。

管理者通常都工作繁忙，沒有更多的精力和耐心去關注下
屬，因此管理者才常常對下屬缺乏全面的了解，只能從別人的
匯報和表面上的觀察來判斷和看待。與下屬缺乏深層的理解和
溝通，管理者就很容易忽略下屬的某些感受，不能好好地體諒
他們，不清楚其真實處境和心理狀況，就造成管理者與下屬的
關係淡薄，甚至在某些問題上還容易存在誤解。上下級關係長
時間隔閡，很容易導致工作出現偏差，從而影響工作的開展。

身為管理者，最好能切實地站在下屬的立場看待問題，用
心去體諒他們。如果能從下屬的立場看、處理事情，那就會產
生奇妙的效果，給下屬一種尊重感和歸屬感，迅速拉近上下級

間的心理距離，從而建立和諧的上下級關係。

東漢末年，曹軍在官渡之戰勝利後，有人從袁紹軍營中清理出一批書信，這些書信是曹操手下一些人暗地寫給袁紹的。曹操略翻了一下，發現這些信大都是吹捧袁紹的，有的還表示要離開曹操，投奔袁紹。曹操的親信請求曹操把這些人都抓起來。曹操卻微微一笑說：「把這些信統統燒了。」這個命令，讓在場的人都疑惑不解。曹操說：「你們想想，當時袁紹力量那麼強大，連我都覺得無法自保，何況大家呢？」這件事傳出去，大家都覺得曹操度量大，體恤部下，能夠容人，從而更願意在他的麾下效力了。

管理者與下屬之間的關係往往影響企業的生死存亡。試想，一個不能體諒下屬的管理者如何管理他們為公司工作，而對管理者存在厭惡情緒的下屬又如何心甘情願為公司貢獻力量？因此，管理者要善於體貼下屬的情緒。

即使下屬犯了錯，只要他的確是出於一片好心，為公司著想，就不應施以過多責罰。不小心把事情搞砸了，沒能達到預期的效果，下屬本身已經充滿自責，隨時準備接受管理者的批評。如果此時管理者不調查不核實，粗暴地訓斥一頓，那麼就算他心中承認自己有失誤，也會對管理者的作法大為不滿，從而產生牴觸和叛逆心理。

身為管理者，在遇到這種情況時，應該心平氣和地與下屬談話，逐漸消除他的緊張心理和嚴重的自責情緒，同時，也應

當對他這種為部門著想的工作態度予以肯定。然後，再設身處地為他著想，幫他找出造成工作失誤的原因，讓他了解自己錯誤何在，從而幫助他更完善地成長，為公司繼續貢獻力量。

如此一來，在下屬眼裡，你這個管理者是充滿人情味的，絕不是一個「六親不認」的無情無義「冷血人」。受此激勵的下屬會感激你的體貼，更加積極地改正錯誤，爭取戴罪立功，會更加努力將事情做好，為公司發展作出更大的貢獻。

有的管理者不屑於體諒下屬，在看到下屬出了差錯後，不管三七二十一，大發雷霆。這樣，管理者固然消除了一腔怒氣，但這種處理方法不僅不能解決問題，甚至可能帶來更嚴重的後果。

體諒下屬也要講方法，講技巧，要做到有的放矢的。以下三個方面是管理者體諒下屬時要多注意的：

- **在人格上保護下屬的自尊心**：要意識到自己與下屬只是分工不同，在人格上絕無高低貴賤之分。不能把與下屬的關係當成主僕關係，言談舉止要平易隨和，讓下屬如沐春風，且處處能感受到人格的平等。
- **在工作上激發下屬的積極性**：要多鼓勵，少批評；多支持，少設關；多督促，少諷刺；多體諒，少武斷；多引導，少指責。要變單向指令為雙向溝通，多直接傾聽下屬的意見，多進行換位思考。

- **在生活上展現人情味**：主動對下屬噓寒問暖，關心其切身利益，了解其疾苦，解決其困難，把關心愛護滲透到其生活的點點滴滴，達到「潤物細無聲」的效果。

人脈感悟

如果管理者能時時關心和體諒下屬的困難，處處營造相互理解、相互幫助的和諧環境，讓大家都感覺到來自管理者的溫暖，感受到團隊的呵護和關懷，緊緊把下屬團結在自己的周圍，就能收到事半功倍的效果。

放手讓下屬做事

戰國時期，魏文侯派將軍樂羊出兵討伐中山國，巧合的是樂羊的兒子樂舒在中山國做官。兩國交戰，中山國利用樂羊之子，想迫使魏國退兵。為了能夠爭取民心，樂羊對中山國採取圍而不攻的策略。

消息傳到魏國，一些官員紛紛向魏文侯告狀：「樂羊圍而不攻是為了保護自己的兒子。」魏文侯聽了之後，並沒有相信官員的謠言，而是立即決定派人到前線慰問部隊，並且為樂羊修建新的住宅。

被圍困已久的中山國國君眼看沒有破敵的方法，只好殺死樂舒，煮鹹肉羹，送給樂羊。樂羊見此，只是說：「樂舒幫昏君做事，死如糞土。」隨即下令攻城，中山國滅亡，國君自殺。

樂羊得勝回朝後，還為自己的戰功而感到沾沾自喜。魏
文侯命人拿來兩只箱子，讓樂羊看。樂羊打開後，發現全是
揭發他圍城不攻的奏章。樂羊明白這一切後，激動地對魏
文侯說：「沒有大王的明察秋毫和運籌帷幄，不但破不了中
山國，我樂羊也早成為刀下之鬼了。攻下中山國並非我的功
勞。大王排除各種雜音，徹底相信我，因此得勝的功勞應當
算在大王您的頭上。」

　　魏文侯聽後高興地對樂羊說：「既然我派你去攻打中山
國，支持你、相信你，那是必然的。無論怎樣，這次能攻下
中山國，你的功勞無人可比。」隨後，魏文侯重賞了樂羊。

　　「疑人不用，用人不疑。」是企業管理者用人的重要原則。
它也表明企業管理者對下屬要有充分的信任度，大膽地放手讓
他們負責。信任是對下屬強而有力的支持，同時也是對下屬一
種極大的褒獎和安慰。能夠得到管理者的信任是所有下屬精神
上的一種需求。

　　信任是企業的用人之本。信任在任何時候都是最重要的東
西。在工作中，如果人與人之間不能相互信任，輕則讓人們變
得冷漠，重則讓人們充滿敵意。管理者也只有充分信任下屬，
才能發揮每一位下屬的智慧。

　　管理者不信任下屬是最不實際、最沒有效率、最浪費時間
的管理方式。許多管理者狂妄自大，以為只有自己有能力完成
工作，從不信任他人，又對自己有效管理他們的能力沒有信

心，於是總是事必躬親，三番兩次地檢查、改動。結果，這種管理作風根本控制不了局面，只有自食惡果。

有智慧的管理者不是事必躬親，而是懂得如何把工作分給下屬，讓下屬和自己一起工作，這樣既訓練下屬，又能提高管理能力。倘若某項工作已變成管理者個人的「獨角戲」，那麼這位管理者離失敗就不遠了。

用人不疑是用人的重要原則，當然這個「不疑」是建立在自己擇用人才前的判定、考核基礎。不用則罷，既用之則信任之。因為，管理者只有充分信任下屬，大膽放手讓其工作，才能使他產生強烈責任感和自信心，而能使其充滿積極性、主動性及創造性。

信任下屬，實際上也是對下屬的愛護和支持。特別是從事生產、銷售、試驗、開發等工作的下屬，容易受人非議、蒙受流言飛語的攻擊。那些勇於面對管理者錯誤，提建議、意見的；那些工作勤勉努力，犯錯並努力改正的，管理者的信任是其最後的精神支柱。管理者對下屬信任的同時，一定要坦誠。如果出現變故及不利因素，管理者有話要當面直說，不要在背後議論，對下屬的誤解應及時消除，以免積累成真，積重難返。

信任問題，其實是彼此相處應具有的基本和必要要素。兩個陌生的人在一起，彼此防範、無法信任，而一旦透過某種管道互相認識熟悉後，彼此渴望的就是信賴感。信任是雙方友好

相處的基石。就像在家庭中一樣，如果你不給對方最多的、最大限度的信任，就容易產生不良情緒，家庭生活也不會和睦。因此，管理者對下屬應該充分信任。如果你不給他們信賴感或給的不夠，都會影響對方情緒，以及工作進展。

在誠信的問題上，許多成功的企業家及上司就秉持「用人不疑」的原則，把企業做得有聲有色，如日中天。

日本松下電器公司對員工的信任就是很好的例證。松下公司的一位總經理用人的原則之一就是用人不疑。他曾說過，「用人的關鍵在於信任。如果對同僚處處設防、半信半疑，反而會損害事業的發展。」據說他十分坦率地將祕密技術教給有培養前途的下屬。照常理來說，在商品競爭激烈的情況下，發明者對技術都守口如瓶，視為珍寶，不會輕易向外透露。為此，有人告誡他說：「把這麼重要的祕密技術都傳出去，當心砸了自己的鍋。」但是，那位總經理堅定地說：「要得心應手地用人，促使事業的發展，就必須信任到底，委以全權，使其盡量施展才能。」也就是做到了這一點，才會更加有利於屬下發揮才能，盡心盡力工作。

看準了下屬，就要放手使用，充分信任，這是為其創造有利的環境、提供必要的支援。從而使下屬產生「士為知己者死」的想法，以出色的工作業績來回報你的信任。

同時，管理者還要注意在細節上考察下屬。道德品質上有疑點的人，經過考察，覺得不可信任的人，就一定不要用。否

則可能會後患無窮。同時，管理者要做到一旦委以重任，就要推心置腹，充分信任。對下屬只有信賴，放手讓他大膽去做，方可充分發揮其才能；只有信任，才能贏得下屬的忠心，換來團隊的和氣，帶領企業的順利發展。

管理者要做到用人不疑，不僅應具有能抵制讒言的心理素養，還應擁有容忍下屬犯錯的寬闊胸懷。當下屬在工作中出了問題，走彎路時，管理者必須擁有承擔責任的膽量，幫他們總結經驗教訓，並鼓勵他們繼續前進。只有這樣，才能使下屬在心理、感情、行動上，與管理者建立交融與共的合作關係。

管理者信任下屬的另外一個展現就是，能夠聽進下屬提出的不同意見，尤其是那些尖銳、鮮明的反對意見。要知道，不同的意見通常是獨立思考的產物，是知識、才能的顯露，是正直、忠誠、負責、勇氣的表現。

沒有信任的世界將變得不可想像，信任對獲得經營成功至關重要。真正有作為的管理者會充分信任並善用那些才能出眾的人才，這樣才有利於形成人才薈萃、生機勃勃的局面。

人脈感悟

在用人的問題上，管理者應當充分信任下屬，相信他們能完成任務，相信他們對公司利益的忠心。管理者不要因下屬的小問題而起疑，更不要隨意捕風捉影，無端地懷疑，造成節外生枝。

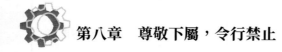

不要抓住下屬的缺點不放

　　楚國的將領子發特別注意選拔人才，善於利用每個人的長處為自己服務。有一個小偷聽說了這件事，便去投靠子發。小偷對子發說：「聽說您願意使用有技藝的人。我是個小偷，以前不務正業。如果您能收留我，我願意為您當差，並以我的技藝為您服務。」

　　子發聽小偷這麼說，又見他滿臉誠意，很是高興，連忙起身，對小偷以禮相待。小偷見子發果然真心，簡直有點受寵若驚。

　　子發手下的官員、侍從都勸誡子發說：「小偷專以偷盜維生，為人們所不齒。您怎麼對他如此尊重？」

　　子發擺擺手說：「現在你們難以理解，以後就會明白的。我自有盤算。」

　　適逢齊國興兵攻打楚國，楚王派子發率領軍隊前去迎戰，連續交鋒多次，卻都敗下陣來。軍帳內，子發召集大小將領商議退兵策略。將領們想了很多計謀，可是對擊退齊兵卻沒什麼作用。反而，齊兵越戰越勇。

　　就在子發進退兩難之際，那個小偷來到帳前求見，對子發說：「我有個辦法。讓我去試試吧！」子發沒有什麼好辦法，也就點頭同意了。

　　於是，小偷當夜便潛入齊軍軍營內，神不知鬼不覺地將齊將首領的帷帳偷了出來，回到楚營交給子發。子發便派一個使者將帷帳送還齊營，並說：「我們有個士兵出去砍柴，

得到了將軍的帷帳，現將其送還。」齊兵一聽面面相覷，頓時目瞪口呆。

第二天晚上，小偷又潛入齊營，盜取了齊軍首領的槍頭。子發照舊派人送還。第三天晚上，小偷再次進了齊營，盜取了齊軍首領的頭髮簪子。子發再次派人將簪子送還。這一次，齊軍首領驚恐萬分，不知所措。齊軍各級將領大為驚駭。整個齊軍軍營議論紛紛。

於是，齊軍首領召集軍中將士們商議對策。齊軍首領對大家說：「今天再不退兵，楚軍只怕要取我項上人頭了！」將士們無言以對。於是，首領下令立即撤軍。

齊軍退兵後。子發大大嘉獎了那位立功的小偷。而眾將士無不佩服子發的用人之道。

「金無足赤，人無完人。」世上沒有十全十美之人。如果管理者能見微知著，看清不同類型下屬的優點和缺點，做到「識人上精明，用人上寬容，大事上清楚，小事上糊塗」的話，那麼他就能知人善用，贏得下屬的尊重，使事業一帆風順。相反，如果管理者眼裡進不了任何沙子，不能容忍下屬的缺點和小錯誤，無限放大細枝末節，那麼就會覺得沒有可用之人，自身也成了孤家寡人。

有效的管理者擇人任事和升遷，都以一個人能做些什麼為基礎。管理者的用人決策，不在於如何減少人的短處，而在於如何發揮人的長處。每個人都有自身的長處。高明的管理者善

於從每個普通的員工身上發現有價值的東西，並加以引導、開發及利用。管理者要多寬容對待下屬身上的短處，尤其要保護那些略有瑕疵的優秀下屬，做到用其長，補其短，讓他們發揮自己的特長。

在美國南北戰爭初期，林肯以為憑藉北方在人力、物力、財力上的絕對優勢，加上戰爭的正義性，短期內即可撲滅南方軍隊的叛亂，就按照平時的用人原則 —— 沒有大缺點，先後任命了三四位德高望重的謙謙君子做北方軍的高級將領。

但事與願違，這些沒有缺點的高級將領在戰爭中很平庸，很快就被李將軍（Robert E. Lee）統率的南方軍隊擊潰。這些預想不到的敗局，引起林肯的深思，他認真分析了對方的將領，幾乎沒有一個不是滿身有大大小小缺點的人，但他們卻都具有善於用兵、勇敢機智、剽悍兇猛的長處，而這些長處正是戰爭需要的素養。反觀自己的將領，忠厚謙和、處世謹慎，這些當成做人的品格是不錯的，但在充滿血腥的戰場上，卻並不足取。從這種分析出發，林肯力排眾議，毅然起用格蘭特將軍（Ulysses S. Grant）為總司令。

一下達命令，眾皆譁然，紛紛說格蘭特好酒貪杯，難當大任。對此，林肯笑笑說：「如果我知道他喜歡喝什麼酒，我倒應該送他幾桶，讓大家共用。」

林肯知道北方軍將領中只有格蘭特是運籌帷幄的將才，要

用他的長處，就要容忍他的缺點。這是嚴酷的戰爭，不是教堂裡的說教。因而，當有人激烈反對他的決定時，林肯卻堅定地說：「我只要格蘭特！」

後來事實證明，正是對格蘭特的任命，成為美國南北戰爭的轉捩點。在格蘭特將軍的統帥下，北方軍節節取勝，終於撲滅了南方軍隊的武裝叛亂。

一個優點突出的人，往往他的缺點也突出。世界上沒有完美無缺的人。看似完美的人，應引起你的最大懷疑。古今中外，大凡有理想、有能力、有主見、能做一番事業的人，總是有與眾不同的個性和特點。

管理者要寬容地對待下屬，容忍下屬的某些缺點，洞悉他們的才能和品性，盡其所能，盡其所用，使他們為企業的發展貢獻力量。

俗語說得好，「人上一百，形形色色。」在這些形色不一的人群中，你要樹立威信，必須爭做楷模；想獲得擁護，必須尊重他人。在努力學習、勤奮工作的同時，一定要注意培養自己寬闊的胸懷、高尚的情操以及美好的信念。更重要的是，你要注意關心下屬的思想和生活情況，多設身處地替他們著想；在不違背原則的前提下，多幫他們解決困難；容忍他們的不足，謙讓他們的短處；多交流、多溝通，努力贏得他們的信任和愛戴。

第八章 尊敬下屬，令行禁止

　　管理者要學會在融洽的氣氛中，和顏悅色地指出下屬的缺點和錯誤，並提出中肯的改進方法。只有這樣，下屬才會樂於接受你的意見和想法，才會在今後的工作中更加主動地與你配合，一起做好事情，從而達到你想要達到的目的。

　　愛才、容才、護才是改善心理機制的重點表現。由愛才而容才，由容才而護才，這是管理者用人時必須經歷的一個過程。然而，這個過程中，最關鍵的是容才。因為，只有容才才能培養人才。容才就是要以寬宏大量的胸懷來對待。這樣，管理者不僅能充分發揮人才的積極性和創造性，而且還能招引和挽留人才。

　　管理者要真正做到知人善用，學會容才，應該注意以下幾個方面：

- **容人之短**：管理者用人時要用人之長，容人之短。事實證明，在選用人才時，凡是能寬容下屬短處而大膽用長處的管理者，多能成就一番事業。
- **容人之才**：管理者要善於容忍才能高於自己的人。人各有所長，又各有所短。一般情況下，管理者的能力通常高於下屬，但下屬在某方面的能力可能超過上司。如果能把某方面能力比自己強的人緊緊團結在身邊，那麼管理者就能集各家之長於一身，離成功也就僅有一步之遙了。

- **容人之過**：管理者要容許下屬犯錯。對於工作中的錯誤，在所難免。犯了錯誤，不一定是壞事，因為錯誤常常是正確的先導，正視錯誤可以讓下屬變得聰明敏捷。而且，容人過錯可以提升犯錯下屬的積極性。
- **容人之錯**：管理者要學會容忍下屬的批評，包括那些有損自己尊嚴的批判。在日常工作中，管理者往往會遇到下屬觀點直露、態度激動、言詞尖刻的批評。這些批評可能令人緊張、反感、生氣、發怒，但那些勇於批評的人中，不乏有對上司忠誠卻秉性耿直、光明磊落，以及善於思考、責任感強的下屬。

> **人脈感悟**
>
> 如果一個組織只任用沒有缺點的人，那這組織頂多是個平庸的組織。因為，「各方面都好」的人，大都是一些平庸之人，或者是一些無能者。

懂得授權給下屬

被人稱為「懶總統」的美國第 34 任總統 —— 艾森豪，是個懂得授權給部下的管理者。在任期間，他並不像其他國家領導人那樣日理萬機，甚至給別人的感覺總是很悠閒。

一次，艾森豪正在打高爾夫球，白宮送來急件要他批

示。總統助理事先已經擬定了「贊成」與「否定」兩個批示，只待他挑出其中一個簽名即可。誰知艾森豪只簡單地看了一下後，就在兩個批示後各簽了名，說：「請狄克（即當時的副總統尼克森）幫我批吧！」然後，他就又若無其事地打球去了。但就是這樣一位「懶」總統，卻帶領美國取得歷史上最為和平、安定的時期，並創造了美國歷史上空前的繁榮。

艾森豪的「懶」並不是當上總統之後才有的，而是由來已久。二戰結束後不久，艾森豪出任哥倫比亞大學校長。一次，副校長安排他聽取有關部門的匯報，考慮到系主任一級人員太多，只安排會見各學院的院長與主要學科的主任，每天見兩三位，每位談半個小時。在聽了幾位的匯報後，艾森豪把副校長找來，不耐煩地問自己總共要聽多少人的匯報。副校長回答說：「共有 63 位。」

艾森豪聽後大驚：「天啊，太多了！先生，你知道我以前做盟軍總司令，那是人類有史以來最龐大的一支軍隊，而我只需接見三位直接指揮的將軍，完全不用過問他們的手下，更不用接見。想不到，做一個大學校長，一次匯報就要接見這麼多人。他們談的，我大部分不懂，又不能不細心地聽他們說下去，這實在是浪費他們和我寶貴的時間，同時，這對學校也沒有好處。你安排的那張匯報日程表，是不是可以取消了呢？」

艾森豪的「懶」是值得當今管理者學習的。事實上，適度授權給下屬，不僅是作風民主的展現，也是落實工作的需要。

凡事事必躬親，不僅下屬工作起來放不開手腳，而且管理者也容易「抓了芝麻，丟了西瓜」，從而影響整體的工作效率。

身為管理者，要靈活多變，在工作中正確處理好授權與統攬的關係，既要嚴格把關又要適度靈活，既要統攬全域又要適度授權。

在部分企業裡，一些管理者像一臺不知疲憊的機器，從早忙到晚，連節假日也不休息，而下屬們卻十分悠閒，不僅普遍缺少責任感，缺乏工作熱情，而且整個團隊的氣質也鬆鬆垮垮、人心渙散，工作效率極其低下。面對這種現象，身為管理者的你有沒有思考過其中的原因？當自己忙不過來時，你是不是做了許多下屬該做的事？

管理者可以不必是千里馬，但一定要是伯樂，應該給下屬發展的空間，讓其縱橫馳騁。畢竟，一個人的精力和作用是有限的，只有提升管理機構的作用，才能發揮每個人的能量，為企業貢獻力量。

培養和提高員工的責任感是管理者維繫團隊的最重要因素。許多企業管理者對這個問題沒有足夠的重視，覺得自己的員工是外人，不僅不會培養責任心，更很少委以重任。事實上，這種觀念是不對的，大多數人都是有責任感的，都希望自己可以得到別人信任，能擔當責任。

無論成熟還是不成熟的下屬，對於信任型授權都會有一個適應過程，初期可能是不適應的，管理者需要給他習慣的時

間，放手讓他去做。有的人認為實施信任型授權會比較費時，但這種投資絕對超值。從提高執行力的角度，即使一時浪費時間，卻能省掉將來不少麻煩。管理者必須真心誠意以提高執行力為出發點，而不是單純追求結果。

信任型授權以提高團隊績效為目的，提升下屬的積極性，最終完成組織的目標。善於授權可以達到事半功倍的效果，對組織績效、對個人績效的提升均有益處。對下屬的信任是對他最大的激勵，超過任何物質的、非物質的獎勵措施。獲得授權的下屬因有較大的自主權，可自行決定如何完成任務並對結果負責。

管理者不應太專權，而應考慮下屬的所思所想，給他一定的自由空間，讓他自在地發展，且還要經常與他溝通，而不是簡單地控制他。

管理者要做到合理使用和安排下屬，就必須全面掌握授權藝術，才能充分提升其工作熱情，發揮其工作效率，完成好各項工作，實現輕鬆而有效的管理，盡最大程度為實現企業經濟效益和社會效益作出貢獻。

為了能夠在繁忙的管理工作中「偷懶」也不會遲誤正事，你不妨從以下四個方面努力：

- **摸清情況，掌握整體動態**：積極授權給下屬。在授權之前，你要先花一些力氣摸清情況，了解每個下屬的特點，提升

他們的積極度，根據每個人的實際能力，安排適合他們的工作，做到人盡其才。做好這一步後，再讓下屬依照類似的方法去調動他的部屬，安排適合每個人專長的工作任務。以此類推，一級一級，每個下屬都將獲得他們相對滿意的工作，誰都不會再發牢騷、鬧脾氣，整個組織就會上下一心。

- **放手並不是放縱**：授權給下屬，是讓他可以發揮適當的空間，而不是讓其放縱，為所欲為。如果下屬在實際行動中確實違背工作的主旨，你就要出手干預，將他引入正軌。唯有這樣，你才能提升下屬的積極度，你的事業也才會走向成功。

  俗話說：「海闊憑魚躍，天高任鳥飛。」在實際工作中，一個聰明的管理者懂得系統性分工，善於授權，讓每位下屬都能動起來，給他們充分發揮作用的空間，信任和培養下屬，對下屬分工範圍內的工作，盡量不干預、不插手，即使出現小偏差，也要採取積極的方式予以彌補，甚至承擔一定的責任，以善意的姿態保護下屬的創新和工作熱情。

- **授權可以讓下屬發揮最高工作水準**：管理者跳開制度的束縛，不把自己的想法強加到員工身上，給下屬處理問題的最大自由，下屬就會因獲得自由發揮的空間而積極工作，也會自覺地盡其所能把工作做到最高標準。如果公司能對

其工作業績給予適當獎勵，他們就會付出更大的努力，向公司證實他們的實力。這一證明能力的過程，就是一個企業的發展壯大、走向成熟的過程。

· **授權是為了集權**：授權的結果就是要讓下屬全都動起來，充分利用手中的權力，完成自己的工作，並使之更趨完美。身為管理者，你不必擔心授權會動搖自己的位置，害怕下屬會取代自己。其實，適當授權不僅不會影響你的管理地位，而且還會進一步鞏固你的位置，因為下屬取得的成績是在你的管理下完成的。

人脈感悟

管理者不能只顧著自己低頭賣力苦幹，也要掌握一定的管理藝術。既要學會大權獨攬，也要學會小權分散；既要學會抓大事、把小事分散給下屬，也要學會提升整個管理機構高效地運轉。

第九章
不可不知的人脈「潛規則」

任何事物都存在「潛規則」，人脈也不例外。只有了解人脈的「潛規則」，你才能避開人際交往的盲點，避免在不知不覺中得罪人，從而贏得好人緣。

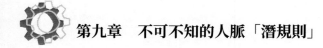

第九章　不可不知的人脈「潛規則」

不速之客做不得

　　小蘭是個典型的「沉屁股」。她有一個習慣，每次去朋友家都出其不意，讓人沒有準備。

　　有一天，小蘭閒著無聊就去同學小英家。小蘭到那裡時，正遇到小英打算去看望這幾天身體不太舒服的奶奶。

　　看小蘭來了，小英也不能怠慢，就只好陪她。沒想到，小蘭一待就是一整天，不僅聊了一大堆無聊的話題，還把小英家弄得亂七八糟，瓜子嗑了滿地。這一天下來，弄得小英筋疲力盡，也沒辦法去看望奶奶。

不少人都喜歡探訪親友，但你是否知道到別人家做客也是有學問的，要掌握好這其中的尺度。切不可把拜訪變成好心辦壞事，成為不速之客。

　　朋友間經常走動是人之常情。尤其是過節放假的時候，透過走動可以交流資訊，相互幫助，進一步增進情誼。但是，朋友之間的走動也需要遵守禮儀。

　　「沉屁股」這個詞語形象地刻劃了一些客人的「韌勁」，去別人家做客一坐就是幾個小時，就像屁股重到無法輕易挪開似的。同時，在這個詞語中也反映了身為拜訪對象的主人之無奈。

　　莊敏跟人訴苦說，她家昨天來了一位令人感到頭痛的「沉屁股」朋友。這個朋友叫顧華，昨天她在莊敏家一坐就坐到深夜，口中滔滔不絕地講述自己在公司遇到的諸多不順利，都已經很晚

了，也沒有離開的打算，困得莊敏哈欠不斷。由於沒有好好休息，莊敏第二天上班遲到了，她的全勤獎金泡湯了。莊敏說自己現在一看到顧華就害怕。顧華自己反倒是痛快了，似乎全然不顧莊敏是否也感興趣，根本沒有發覺莊敏都疲倦得快睡著了。

主人對客人如此周到的招呼，客人自然也應該能心疼主人。與主人聊天，半個小時或喝完一兩杯茶後，就應該準備回家了。千萬不要把別人家當成是自己家，嗑瓜子，看電視，自得其樂；或是乾脆把主人當成發洩的對象，非要說得眼冒金星、夜幕沉沉，甚至把主人睏得快睡著了，才肯罷休；又或者乾脆擺出一副一醉方休的架勢，在主人家的宴席上從中午喝到晚上。

的確，每個人都有自己的事情，都想在閒暇時享受私人空間。就算對方有時間，也真誠地歡迎我們去做客，我們也應該注意掌控火候，只要把誠摯的問候送到即可。

大家都知道，自己被當成不速之客的那種尷尬滋味是不好受的。而一個人有可能成為不速之客的原因不外有三。一是，彼此有宿怨尚未消除，如果貿然造訪，別人是不會歡迎的；二是，你的到來觸犯了別人某種忌諱，引起別人的不快；三是，做客時間不當，對方也會顯出不悅的神情，表現出冷淡的態度。

只有在弄清導致自己尷尬的真正原因後，你才可以有的放矢地選擇時機和方式，避免自己成為不受歡迎之人。在日常生活中，為了讓自己不做不速之客，要做到以下六點：

- **到朋友家拜訪，要先打招呼**：到朋友家拜訪前，一定要讓對方有個準備。如果對方因事不能接待，那你就不能冒冒失失地闖去，因為這樣會打亂朋友的日常安排。

- **拜訪朋友可以帶一些小禮物去**：東西不在貴賤，主要是心意。朋友不會斤斤計較禮物的多少，只會感謝你的情意。所帶禮物要根據朋友家的人口組成和目的來定。比如，拜訪是為了向朋友父母祝壽的話，就可以帶些生日禮物；若是一般性拜訪，可以帶些水果、餅乾之類的東西。

- **選擇合適的拜訪時間**：訪友的時間一定要考慮周到。一般應避免過早或過晚，要避開用餐時段，還要避開朋友的特殊時間。比如，朋友家近日有產婦，或有重病人，這時就不要去打擾。

  連節假日去拜訪朋友，應尊重朋友家的規矩，要安排在朋友空閒時去。一般過年都要團聚，都要到父母家走一走，拜個年。因此，春節期間，朋友間的拜訪適宜安排在初二之後。

- **如果你預想到別人可能不歡迎你時，不宜前往做客**：拜訪對象有某種避諱，而你的出現可能觸動其心病，那就要三思而後行。有時，你存在不受歡迎的因素，比如，身染疾病或有些前科等。此時，你就該自重點，沒有十足把握就不應隨便去做客，免得討人厭。

- **如果你發現做客時機不當，應主動退避**：你拜訪別人時，應善於察言觀色，對自己的到來是否得當應及時做出準確判斷。

  即使你們之間彼此關係不錯，但時機不對也可能讓別人感到不悅。比如，對方正忙著處理緊急事務；或者正心煩，不想見人；再或者身體不適，無心會客。在這些情況下，對方會表現出冷漠神情，使你感到窘迫。因此，在拜訪別人時，你還要留心對方的暗示。

  有時，對方有急事要做，又不好意思逐客，便會做一些暗示性動作。比如，目光不專注、看錶等。你應意識到對方有事要辦，自己不宜久留。在拜訪他人時，若你正碰到人家有遠道而來的客人，或正在商談什麼重要事情，自己在場不方便，就應及早走人。

  上門做客是一種結交朋友、加深友誼的良好方式，但一定要選對時機。你要識時務、有眼力，不要等人家逐客時你才走人，那就被動、難堪了。

- **你與拜訪對象積怨較深時，不要貿然前往做客**：人們之間發生了誤會或糾紛，如果爭端較深，這時即便你有言和的誠意，主動上門作出友好姿態，也難免會受到對方冷淡的待遇，讓你下不了臺。當對方對你心存芥蒂時，最好事先透過第三者溝通一下，傳遞言和的訊息。在得到對方的諒解後，再走訪不遲，那時你才可能受到對方的歡迎。

> **人脈感悟**
> 有了閒暇的時間，可以找老同學、老朋友去好好聊聊。但是，你去做客的過程中要學會掌控衡量一定的尺度，別讓這種感情的交流願望變成對方的負擔，從而在無形中使自己變成不速之客。

與人交往不可過於親密

　　馮先生是位律師。閒暇時，馮先生常與同事打高爾夫球、吃午餐，或在辦公室裡聊天。馮先生夫婦以及其他同事夫婦們都已習慣在週末一起出去旅遊。但是，馮先生逐漸覺得自己的晉升總是比別人慢，便開始懷疑是否受到同事們的影響。

　　一直得不到升遷的馮先生經過認真思考，認為自己所能採取的最有效辦法是完全遠離這個小團體。於是，馮先生另找了一份工作。在新工作裡，馮先生決定邁著堅定的步伐，成為集體中的一員，而不是辦公室小團體中的一員。

不少人認為，自己能否成為辦公室「小團體」裡的一員，對其職業生涯有不可低估的影響。這種看法在某種程度上是正確的。的確，倘若因為被辦公室裡的同事排除在外的話，將不能得到最好的工作任務，這無疑會挫傷自己的工作積極度；或因一些你並不認為特別值得深交的同事而被否定，同樣也會令自己感到難堪。無論是對管理者還是對普通員工來說，面對辦公室裡的「小團體」都是一種挑戰。

　　在工作上，每個人都想結識一兩個「哥兒們」，以便在某些時候能彼此幫忙。結交朋友，本是十分正常的事。但是一旦你和部門中的某一兩個同事的關係非同一般，勝過與其他同事的親密度，形成一個「小團體」時，災難就隨即降臨了。在職場拓展人脈，要忌「劃地」。搞「劃地」、搞「小團體」常常會引起周圍同事和管理者的不滿，影響你在工作的人際關係，甚至耽誤你的前途。

　　其實，在每個公司都會有這種情況發生。比如，開會時，他們喜歡坐在一起；一起吃午餐時，還交換不同的食物；在樓梯走廊見到了，會多聊幾句；午休時，互相串門子；下班時，還會等彼此一起去搭車。更有甚者，唯恐別人不知道他們關係非同一般，人前人後總要表現出親密狀。

　　或利益一致，或工作需要，或純粹氣味相投，某些人很自動地組成了小團體。在公司過於展露自己的「小團體」，在辦公室裡做「劃地」戰術，確實不是明智之舉。

　　辦公室中，幾個人過於親密容易讓其他人產生反感。同一個部門的人，和這個同事十分投機，和那個同事淡漠相處，本身就容易引起彼此的矛盾而妨礙工作。不同部門的就更讓人多心了，甚至會懷疑：這個人老是和別的部門來往，說不定會把部門內部的事全散播出去。

　　在辦公室裡搞「小團體」，易引起周圍同事的戒心。如果別人要議論他們其中的任何一位，都要看看另外的人是否在

場。無形中，他們失去了獲得真實情況的機會。

做「劃地」戰術，不單是找人說點心裡話，發點過分的牢騷，最主要的目的恐怕是為了組成團體。即使不是為了將來有所作為，最起碼關鍵時刻有人能幫一把。比如，在你遭到別人攻擊時，「小團體」的其他成員可以為你解解圍；有了空缺，他們也能夠在暗處給你提提名。但是，如果你們的「小團體」平時非常引人注目的話，那麼你們之中的任一人為「小團體」中的某一人所說的話、所做的事，都會被視為「不公正」，因而不會引起大家的同情和共鳴，更不會被上司所採納。

要知道，真正的朋友從來不是在工作時結交的。最起碼，你在上班時間不應跟某個或某幾個同事表現得過於親熱。

如果你已經身為「小團體」中的一員，並感受到自己的工作表現因此受到影響，那麼與之保持適當距離將是非常重要的。工作之餘，你有必要限制自己參加「小團體」活動。比如，與其他同事共進午餐；為「小團體」之外的同事提供幫助等。不要在辦公室裡大肆宣揚週末是怎樣與「小團體」中的同事共度的，因為那只會增加其他同事的反感。

為了避免出現這種尷尬的境地，你要做到以下幾點：

- **君子之交淡如水**：真正的友誼，無須背負海枯石爛的誓言，不用防備「朝三暮四」的變遷；真正的朋友，不必講究噓寒問暖的客套，也不用顧忌牽腸掛肚的擔心。朋友就是那

個願意做你的聽眾、卻從來不讓你內心不安的人。長時間通話也好，徹夜促膝長談也罷，煩悶與苦惱盡可能和盤托出。你感激他的耐心，他感謝你的信任，然後互道珍重各走各的路。

朋友之間保持牢固的友誼，如同刺蝟彼此擁抱著取暖，需保持適當的距離，不可過於親密。朋友間只有這樣相處，才能既感受對方的溫暖，又免於相互的傷害。因此，你大可不必認準一個好友分擔自己所有的歡喜悲憂，也無需了解朋友太多的隱私。愉快地相互欣賞，忙的時候放在一邊，有空的時候弄個聚會，需要的時候打個招呼，朋友就是這麼簡單。

* **給朋友一個自由的空間**：朋友之間最貼近、投緣、無話不談，彼此都會盡可能為對方著想。但是，即便是最要好的朋友，也沒人喜歡對方介入自己的私生活。也許，更多時候你是出於關心朋友，怕朋友受到傷害才無意識地介入的。如果對方不喜歡，你最好識相地退出，別為此影響彼此的友誼。

有的人把好朋友當成自己，認為好朋友之間就不應有祕密。其實，「無話不說」也有個限度。就算是對最好的朋友，也要讓對方適當保留一些自己的祕密，不要妄想了解對方的私人生活來證明你對朋友的誠意，也不要把你任何私人問題都告訴朋友。

如果兩個好朋友在事業上能夠志同道合，在生活上能夠互相關心，而在私人生活上又相對獨立，彼此不打擾對方，那才是大家應該追求的友誼。

· **學會對朋友說「不」**：對朋友說「不」真的很難，但只要不是「見死不救」，他一定能夠理解你。

> **人脈感悟**
>
> 同事之間互相關心是理所當然的，但每個人都有自己喜歡的生活方式。如果同事之間距離太近，親密到任何事都不分你我的話，會使友情陷入一種尷尬的境地。

不要打探別人的隱私

　　劉婷婷、李豔、沈丹及其他同事在同一辦公室工作，其中劉婷婷和李豔業務能力較強。公司正準備從這些人中提拔一位辦公室主任，接替即將退休的老主任。

　　劉婷婷和李豔比較有希望。劉婷婷與上司關係不錯，而李豔則是老主任身邊的紅人。上司已經漏口風，預計由劉婷婷接任。

　　此時，卻發生一件意想不到的事，部門裡傳出劉婷婷好像有男女關係問題，此事是從沈丹口中得知。事情的結果是李豔接替老主任。上司對沈丹不滿意，藉故將其調到一個效益較差的部門去工作了。

沈丹就是因傳播同事的隱私，不但影響別人，自己也沒得到好處，反而受周圍同事的戒備和上司的懲罰。

對於工作能力強的同事來說，他的隱私也許就是某些居心不良的同事要陷害他的一張王牌。如果你在無意間透露了工作能力強的同事隱私，就等於幫了那些居心不良的同事大忙，但這樣非但沒有人會感謝你，反而還會讓周圍同事對你加倍提防小心。

每個人都有好奇心，但這種好奇心無意中會成為製造矛盾的根源。喜歡傳播別人隱私的人，同時也是愛講負面話的人。他們有時是因為過於理想化，用自己的模式，去套生活中的現實，結果卻常常事與願違。

在辦公室，大家一起談論其他同事。你將議論傳播出去，可能會導致同事間發生矛盾。辦公室的同事們必定會人人自危，並對你這個導火線只有避之唯恐不及。

人們因為好奇，對獲悉的祕密，是很難忘記的。如果是在偶然的機會獲知，最好是裝作不知道這件事。要了解，有時知道了工作能力強的同事隱私，你既可能會成為他的心腹密友，也可能會成為他的心腹之患。

為人處世的原則是，盡量避免加入談論他人隱私的行列，不要凡事都愛湊熱鬧。人們有時喜歡把自己的煩心事告訴別人。或許偶然間，有同事把你當真心朋友而對你傾訴衷腸，

讓你獲得了同事的隱私。此時，千萬不可得意，因為在無形中你已增加了一分擔子，承擔了一分責任。無論是有意還是無心的，同事的隱私一旦從你口中暴露，不僅會讓他難堪，且會讓你的信譽大打折扣。

傳播別人的隱私會造成很大的影響，輕者羞愧懊惱，重者顏面掃地。同時，受傷害的人對傳播謠言的人也會恨之入骨，必定伺機報復。

人際交往時，說話要講究藝術，千萬別觸及對方的「逆鱗」。所謂「逆鱗」，就是大家所說的「痛處」，也就是隱私。無論內心多麼坦蕩的人，都會有不可告人的隱私存在。只要我們不觸及對方的隱私，就不會惹禍上身。

人在吵架時最容易暴露其缺點。無論是挑起事端的一方還是另一方，都因為看到對方的缺點並產生了敵意，進而使爭吵更激烈。爭吵中，雙方在眾人面前互相揭短，使各自的缺點都暴露在大庭廣眾之下，這無論對哪方來說都是不小的損失。

缺點猶如永不結疤的傷痕，輕輕一碰，也會痛在深處。讚美人本應算好事，但若口無遮攔，觸碰忌諱，好事也會變成壞事。即使讚美者和受讚者關係很密切，也要注意，不能一時興起就無所顧忌了。

關曉明和東方宇是很要好的朋友兼同事，同為公司的部門經理，志趣相投，嬉笑怒罵無所不說，私下也沒有保留的餘地，甚至對方的忌諱也是茶餘飯後談話的內容。

在一次公司聚會上，關曉明有點喝多了。為了表達對東方宇的曲折經歷和能力的敬佩，關曉明舉起酒杯說：「我提議大家共同為東方經理的成功乾杯！總結東方經理的曲折歷程，我得出一個結論：凡事成大事的人，必須具備三證！」

關曉明調高嗓門繼續說道：「第一是大學畢業證書；第二是監獄釋放證書；第三是離婚證書。」話音剛落，眾人譁然，東方宇硬撐著喝下了那杯苦澀的酒。這「三證」中的兩證無疑是東方宇的忌諱和痛處。東方宇不想讓更多的人知道，也不想讓人們議論，但關曉明與他太好太熟太沒有界限了。

從此，東方宇對這位曾經的好友兼同事的態度一落千丈。他們倆再也回不到當初親密無間、無話不談的程度了。

這則故事就在警示大家，在稱讚與自己關係很好的人時，如果是當著其他人的面，千萬不要觸碰他的忌諱，觸痛他的「逆鱗」。畢竟，我們每個人都有一點缺點、過錯及隱私。

被別人衝撞自己的「逆鱗」，被人揭傷疤，對誰來說，都不是令人愉快的事。不去提及他人隱私，才是待人應有的禮儀。有道德的聰明人即使在盛怒之下，通常也不會擴散憤怒的波紋，更不會拿別人的痛處來發洩自己的憤怒。

在人際關係中，我們有必要事先研究，找出對方「逆鱗」所在位置，以免有所冒犯。兩個人交談，盡量避免談論第三者。如果所談之事不可避免地涉及他人，也要拿捏分寸，與事有關的方面可以談，與事無關的則千萬不能提及。

> **人脈感悟**
>
> 與人交往，千萬不要對別人的隱私抱有好奇心，要知道有些事只有點到為止，才能給自己也給他人留下一片自由呼吸的空間。真正聰明的人，總是會避開別人的隱私。

不要貶低他人

吳天華的好朋友張明是一個喜歡抬高自己、貶低他人的人。吳天華因為友情，一直容忍著張明的這個缺點，安靜地傾聽，盡量給他想要的反應。但是，吳天華心裡很不喜歡張明證實自己價值的這種方式。

一次，吳天華和張明在超市買東西。張明買了一袋包裝果乾後，對吳天華說：「你們買的散裝果乾很多都是長蟲子的，還是買包裝的好。」吳天華故作驚訝地回應：「你怎麼不早提醒我啊？害我還買了 3 斤呢！我看你試吃時說好，就買了。要知道，你可比我識貨得多。」張明對吳天華的回應好像很滿意，因為吳天華這麼說滿足了他的虛榮心，卻不知那是吳天華對付他貶低別人抬高自己的一種方式。

其實，吳天華心想：「不就是想抬高你自己嘛。我滿足你。其實，我心裡很不高興。即使你這次買的是上等貨，為什麼你要事後才說我買的果乾不好呢？」

自己努力上進時，應該歡迎別人超越自己才對；當別人已經超越了，則應該對他持欣賞、羨慕的態度，並且滿腔熱忱地

幫助別人成長進步。

　　現在社交崇尚自我表現。我們偶爾抬高自己，在某種意義上可以說是一種努力表現自己的方式。表現自己無可厚非，但絕不能為了抬高自己而貶低別人。

　　在交際應酬中，不會適當抬高自己的人，很難獲得高品質的交際效果；善於交際應酬的人，總是盡量把自己的長處呈現在朋友同事面前。比如，伶俐的口才、淵博的學識、溫文爾雅的舉止以及典雅的服飾等，都會給人帶來良好的印象。

　　抬高自己不是不可以，但一定要適當，絕不能一味的清高自負，甚至在言行上貶低別人。若用旁若無人的高談闊論、矯飾的表情、誇張的動作來表現自己、貶低別人，就會使周圍人對你產生反感。

　　如果對別人心懷不滿，不惜損害其人格，或者造謠生事，極盡誣衊誹謗之能事，那麼就會既損害了自己的事業和同事的感情，也會「搬石頭砸自己的腳」。這樣，不但沒有抬高自我，相反的，卻被同事們憎惡、唾棄，從而使自己難以在公司裡立足。

　　有人為了討好異性，便貶低同性，或者亂送秋波。這些作法不僅俗不可耐，還是不道德的表現。要知道，對同性的友好，是心地善良的表現。無論什麼時候，男性的油滑和女性的輕浮都是令人討厭的。

第九章　不可不知的人脈「潛規則」

　　如果有人對你不客氣，你不用計較，更不必反唇相譏，可以一笑置之。如果有人言談舉止不太得體，或是某位女性服飾不漂亮，你也不要顯出自己的優越感，對其投以鄙視的目光。如果與某人話不投機，你應該了解到，對方有權保持自認正確的思維模式和行為方式，所以不必為此而挑起舌戰。

　　在自尊方面，別人和你一模一樣。自尊心是每個人都擁有的，無論是高高在上的企業總裁，還是沿街乞討的流浪者。所以，在待人處世方面，一定不要過分強調自己的自尊，而把別人的自尊踩在腳下。

　　一位作家曾說過，「我沒有權利去做或說任何事以貶抑一個人的自尊。重要的並不是我覺得怎麼樣，而是他覺得他自己如何。傷害他人的自尊是一種罪行。」

　　在做事過程裡，如果發現對方的作法與自己的要求不符，可以透過巧妙地暗示，這比讓對方惱怒的指責要高明得多。如果對方做事的方法不符合你的要求，當面指責只會造成對方的反抗，容易把事搞砸。而巧妙地暗示對方，則可以輕鬆地把事情處理好。

　　有些人面對直接的批評會非常憤怒，因為他們覺得自尊受到傷害。這時，就要間接地讓他們去面對自己的錯誤，這樣做會有非常神奇的效果。

　　伊莉莎白女士運用巧妙暗示的方法，讓一群懶惰的建築工人，在幫她蓋房子之後清理現場。工人們剛開始做事時，伊莉

莎白女士下班回家後，發現滿院子都是鋸木屑。她不想去跟工人們抗議，因為他們工程做得很好。等工人們走了之後，她與孩子們一起把這些碎木塊撿起來，並整整齊齊地堆放在屋角。次日早晨，她把工頭叫到旁邊說：「我很高興昨天晚上草地上這麼乾淨。」從那天起，工人們每天都會把木屑撿起來，堆放在一起，而工頭也會每天都來看看草地的狀況。

這種既達到目的又不傷人自尊的做事方法，不僅可以讓對方更易於改正錯誤，還可以讓對方認為自己很重要，願意與你合作把事情做好，而不是反抗或牴觸。

生活中很多事，其實本身並不複雜，往往是因為一時的自尊心受到傷害而讓事情複雜起來。很多時候我們清楚，真理是站在自己這邊的，但這並不意味著，有道理就可以對別人肆意貶低。

自尊心是人不斷進取的階梯，是促使人奮發進取的心理因素。這種催人向上的力量，既是種強大的驅動力，又是種強大的自我約束力。可以說，人一生取得的任何一次成功，都是伴隨著自尊心取得的。因此，維護別人的自尊是一個非常值得重視的問題。在與別人交往時，要學會控制自己的情緒，切不可為了抬高自己而肆意貶低別人。

> **人脈感悟**
>
> 當你獲得了一定成績時，想表現一下也不為過。但是，千萬不要為了抬高自己而肆意貶低別人。因為這樣做，你不僅不會在人際交往中博得他人的好感，還會觸禁忌，犯眾怒，讓自己孤立。

不要嫌棄失敗者

日本的一位國會議員，因沒有成功地推進國防建設而在競選中慘敗。落選後，議員心煩意亂，但一位素不相識的人讓他留下終生難忘的印象。

那人充滿信心地望著落選議員的眼睛，對他說：「要忍耐，先生，看下一次。」然後，便轉身離去。

議員事後說：「不知怎麼回事，我總覺得這位『不速之客』的那句話是道陽光。他分明是在告訴我，他相信我一定會有機會贏得競選。」下一次競選，議員果然當選了。

議員當選後說：「我第一個要感謝的就是那位信心十足地望著我的眼睛，對我說『要忍耐，先生，看下一次』的先生。」

後來，議員多方尋找，終於找到了那個人，並讓他成為自己的助手。就這樣，那位先生只因為一句鼓勵的話，從此平步青雲，登上政治舞臺。

如果在一個人失敗時，你能及時給予慰藉，幫他走出陰霾。事後，他必定對你感激不盡，視為知己。

　　失敗和成功，同為人生的組成部分，就像峽谷和高山同屬地球的一部分一樣。經常會有人在失敗面前意志消沉、自暴自棄，有的甚至悲觀厭世，走上絕路。

　　當人遇到失敗時，挫折感使他需要從別人那裡獲得理解和慰藉。你在這時給他真誠的理解和安慰，就可以讓他重燃希望。在擺脫窘境後，他怎麼會不感激你呢？

　　安慰失敗的人，要真正給他留下深刻的印象，並在他身上產生實際的慰藉，就一定需要有對他人最深的理解、最大的同情以及最堅定的信任。只有這樣，才能獲得最真摯的情誼和最理想的報答。

　　K 先生是英國著名的空中特技駕駛員，他在空中表演特技，令人嘆為觀止。一次，他表演完畢準備飛回大不列顛島時，在離地面 100 公尺高的空中，有兩個引擎同時失靈。幸虧他反應靈敏，技術高超，飛機才奇蹟般地著陸。K 先生緊急著陸後，第一件事就是檢查飛機用油。正如他所預料，他駕駛的那架螺旋槳飛機，裝的卻是噴氣機用油。

　　K 先生立即找到那位負責保養的機械師。年輕的機械師早已為自己的工作失誤後悔不已，一見 K 先生，更嚇得大哭。這時，K 先生並沒有像大家預料的那樣大發雷霆，只是伸出手抱住維修師的肩膀，信心十足地說：「為了證明你能做得好，我想請你明天繼續幫我的飛機做維修工作。」

從此，那位原本工作馬虎的維修師變得兢兢業業，一絲不苟。而 K 先生的飛機也沒有再出過差錯。

　　K 先生僅僅對這位維修師說了一句寬慰的話，給了他一次證明自己的機會，卻獲得一位他最可以依賴的好幫手。

　　正確地認知失敗，並不是一件容易的事。當自己處於旁觀者的地位，看到別人遭遇失敗時，或許還能作出較為正確的分析。但當失敗降臨在自己頭上時，能正確而清醒的意識就很不容易了。

　　失敗會給人打擊，帶來損失和痛苦，但也能讓人奮起、成熟，並從中得到鍛鍊。失敗既有消極的一面，也有積極的一面。

　　生活中的失敗和磨難，並不都是壞事。平靜、安逸、舒適的生活，往往會使人安於現狀，耽於享受；而失敗和磨難，卻能讓人受到磨練和考驗，變得更加堅強。

　　昨天的權貴，今天可能成為平民；巨富大款，一夜之間也可能一貧如洗。世事複雜多變，起起伏伏，難以預料。失敗者的情況各不相同，有的是環境造成的，有的是工作失誤的結果。無論是什麼情況，對於失敗者而言，失敗的痛苦心情可想而知。在這種際遇劇烈變化的情況下，不少人自慚形穢，覺得沒臉見人，也有的更加自尊、敏銳，對他人的態度卻異常敏感。

　　在生活中，人不可能總是一帆風順，挫折、背時是難免的。遭遇失敗，不僅自己倒楣，而且也是對周圍人們，特別是

對其朋友的考驗。所謂莫逆之交、患難朋友，往往就是在面對困難時形成的。這時形成的友誼是最有價值，最令人珍視的。

　　對待失敗者的態度，不僅是對交際品質的考驗，且援助失敗者也是建立真正友誼的契機。由於失敗者的情況十分複雜，你應根據不同狀況有區別地對待。

- **重視友情，繼續交往**：面對失敗者，不要嫌棄他們，要懷著真誠的同情心和他們交往。此時，與他們交往，要有正確的態度，不應表示憐憫，而應尊重他們，要熱情、真誠地以友相待，讓他們看到在最困難時有朋友在自己身邊，有助於他們克服悲觀情緒，振奮起來。有時，你的真誠能改變一個人的一生，讓他重新振奮精神，繼續為獲得成功而打拚。

- **理解情況，具體幫助**：從心理上安慰失敗者，幫助他們從失敗中擺脫，是最大的幫助。對於在思想意識上的失敗者，要善於開導他們。對於失敗者生活中的困難，要給與具體的幫助。通常，失敗者會遇到很多生活上的困難，一時難以克服。這時，你應該盡可能幫助，使他們度過難關。

- **結交有度，分寸適當**：與失敗者交往時，要注意自己態度和言行的分寸。與他交談時，切忌用教訓人的口氣，應該抱平等、坦誠的態度，這樣展現對他的尊重，從而使他在心理上容易接受你的話。另外，不要輕易地觸及他的「傷

口」。過多地談論已無法挽回的錯誤，會刺激他們的自尊。同時，因失敗者對自己問題的認知往往比較固執，因此，幫助他們時應有足夠的耐心，要允許他們有思考轉變的過程，不要因他們一時想不通，就說人家不可救藥，這樣無助於他們改正錯誤，也不利於發展彼此間的關係。

人脈感悟

做事圓融通達的人，深深懂得失敗者的心理，往往能在別人遭遇失敗時，善解人意地說出寬慰的話，而讓失敗者恢復自信和鬥志，同時也幫自己獲得一位忠實的朋友。

把人脈中的雜草剔除

　　趙仁算是很幸福，妻子賢慧持家有道，女兒乖巧功課又好。他的朋友各行各業都有，每天到他家拜訪的人絡繹不絕。

　　最近，趙仁交了一個非常要好的朋友史宇。倆人算是一見如故。趙仁經常請史宇到他家來吃飯。兩人談天說地。但是，趙仁的妻子卻覺得史宇不像是好人，就告訴趙仁不要和他來往了。可趙仁總是不聽勸。趙仁把妻子逼急了，妻子說：「你要是不和他斷絕來往，我就帶女兒回娘家去。」趙仁見妻子如此固執，就答應妻子不再和史宇來往。

　　雖然趙仁表面上答應，但私下還是和史宇保持聯繫。而且趙仁非常信任地把自己所有事情都對他說，包括業務上的。

　　過了半年，趙仁發現自己的一些老客戶都以各種理由不再與他合作了。他覺得非常奇怪，就派人調查。當下屬把調查結果告訴他時，他非常震驚。原來是被史宇拉走了。幸好發現得及時，還不至於有太大的損失。

　　回家後，趙仁把這件事和妻子說了。妻子還沒聽完，就說：「我早就跟你說了，不要和那個叫史宇的人來往。你就是不聽。現在，發生了這種事情。」妻子一氣之下，就帶著孩子回娘家了。

　　經過這件事，趙仁徹底斷絕和史宇的來往。

　　現實社會中，有時就會遇到對自己有害的人。這種人就像麥田裡的雜草一樣，如果你不及時清除，就會對自己造成很大的傷害。

　　在人際交往的過程中，你會遇到各式各樣的人，處理各種人際關係。

　　交往的人多了，什麼人都有。而且，人們都在不斷地變化。在人際關係中，難免會出現一些人脈冗員，干擾你正常的人際交往，所以要及時清理。

　　孫凱有個非常要好的朋友。兩人從小玩到大。大學畢業後孫凱進了檢察院，而他的朋友到銀行工作。

　　在一個陌生的城市，兩個人互相幫助、互相鼓勵，生活得十分快樂。後來，兩個人都結婚了，妻子都是白衣天使。兩個人開玩笑說，心是連接的，不當朋友都難。

第九章　不可不知的人脈「潛規則」

生活一直在平淡無奇中度過。有一天，孫凱的朋友為了買一幢豪華的房子，挪用了公款。政府機關調查孫凱的朋友時，他說的第一句話就是，我朋友在檢察院。這個朋友就是孫凱。可是孫凱也無能為力，因為法律是無情的，人人都是平等的。

孫凱朋友的妻子多次找孫凱，要他幫忙。看到她痛哭流涕的樣子，想想好朋友在鐵窗裡的期盼，孫凱心裡也很不是滋味。無奈國法無情，他也沒有什麼辦法。

後來，孫凱經常去監獄探望朋友，而他的朋友卻拒絕了他的探視。但是，孫凱不想失去他，希望透過時間來彌補這段友誼。每年過節，孫凱都會帶著妻子去探望他和他的妻子，但每次都只能面對冰冷的態度。最後，孫凱只得放棄這多年的友情。

朋友之間可以互相幫助，但也不能為了朋友違反法律。孫凱沒有因朋友的私情而觸犯法律，最終無奈地離開了朋友。很多時候，你也會遇到類似孫凱朋友這樣的人。友誼是可以講的，但不能過分。如果孫凱為了朋友而觸犯法律，那麼結局就會是兩個人都面臨法律的制裁。這樣不明事理的朋友是不可取的，要及時剔除。

人脈感悟

處理好人際關係，要經常清理人脈中那些不需要或是沒什麼價值的資源。就像清理衣櫥一樣，將不合適的衣服清理出去，才能把更多的新衣服放入衣櫥。

第十章
如何經營自己的人脈

人脈不是為建立而建立，而是為運用而建立，但是運用人脈也有適宜與不適宜之分。運用人脈適宜者，不僅不會讓自己的人脈經過運用而被弱化，反而會讓其經過運用而被強化；而運用人脈不適宜者，運用人脈後會使其弱化，就好像使其被消耗一樣。

建立自己的人情積蓄

　　錢鍾書是個別人為他做事，他一輩子都記著的人。時隔多年後，黃佐臨導演之女黃蜀芹懷揣著父親的親筆信，得到錢鍾書親允，開拍電視連續劇《圍城》。這是黃佐臨導演當年儲蓄下人情的緣故。

　　《圍城》一書的作者錢鍾書先生在困居上海孤島時，曾經窘迫過好一陣子。他辭退了保姆後，家務都由夫人楊絳操持。那時，他的學術文稿沒人買。於是，他寫小說的動機裡就多少摻進了賺錢養家的成分。但一天 500 字的精工細作，絕對不是商業性的寫作速度。幸好當時黃佐臨導演上演了楊絳的四幕喜劇《稱心如意》和五幕喜劇《弄假成真》，並及時支付了酬金，才使錢家度過難關。

　　黃佐臨導演在當時沒有想得那麼遠、那麼功利，但是後世之事卻給他身為好施之人一個不小的回報。這就如同一個人為防不測，須養成「儲蓄」的習慣，甚至會讓子孫後代得到好處。

　　俗話說：「在家靠父母，出外靠朋友。」當今的人際交往也是如此，多一個朋友就多一條路。想要人緣好，自己必須先儲蓄人情。我們存有樂善好施、成人之美的心思，才能為自己多儲備些人情。

　　想要別人在關鍵時刻幫助自己，就要懂得在平時儲蓄人情。人情是你廣結人脈的重要財富。在人際交往中，當見到有

朋友需要幫忙時，你要及時伸出援助之手。這樣，你就在自己的「人情帳戶」中新添了一個正數。

重視儲蓄人情可以擴充你的人脈，為日後的發展帶來意想不到的幫助。人情觀要像金錢觀一樣，多多益善，這樣才能左右逢源。而且，儲蓄人情其實是很容易的事，有時甚至是舉手之勞。對於一個處境窘迫的窮人，幾百元的幫助可能會讓他暫時度過飢餓和困苦，或許還能做一番事業，闖出自己的一片天；對於一個放浪形骸的浪子，一次促膝交心的長談可能讓他建立做人的尊嚴和自信。這些，無疑都是你建立零存整付的「人情帳戶」之最佳方式。

就算是對一個萬惡之人隨意的一次幫助，也可能會使他突然悟到善良的難得和真情的可貴。他看到有人遭遇困難時，會很快從自己曾被人幫助的回憶中汲取善良。

求人幫忙是被動的，但如果別人欠了你人情，求他辦事自然會容易許多，有時甚至不用自己開口。做人能如此風光，大多與善於結交、樂善好施有關。積累人情這一無形資本是人情關係學中最基本的策略，是開發和運用人脈資源最為穩妥的方法。

不要小看對失意之人說一句暖心的話，對一個將倒之人輕輕地扶一把，對一個無望之人賦予一片真摯的信任……這些也許都會成為你的人情積蓄。

人都是有感情的。感情就是人與人之間相互連結的紐帶。但是，人情的運用也要講究原則和分寸，揮霍無度只會適得其反。雖然，人情的威力很大，它可以幫我們做很多原來自以為不可能的事，但是人情並不是取之不盡，任你來自由取用的。相反，人情就像銀行的存款，揮霍無度只會入不敷出。

人和人相處總是會有感情的，而這感情就是「人情」。有些人喜歡用「人情」來辦事，但「人情」是有限的。它就像你在銀行的存款，你存得越多，可領的就越多；存得越少，可領的就越少。你若和別人只是泛泛之交，能要他幫的忙就很有限，因為他沒有義務和責任幫你大忙。你更不可能一次又一次要他幫忙，因為你的人情存款只有那麼一點點。

無度地揮霍人情，一般會造成兩種後果。一是，會讓你們的感情開始轉淡，繼而讓他對你避之唯恐不及，甚至可能情分就此中斷；二是，你在他眼中變成不知人情世故的人，而這對你是非常不利的。那麼如何動用人情才不是「揮霍」呢？做好估算，盡量把人情用在刀口上。先弄清你與對方的交情究竟有多深，人情究竟有多重，然後再掂量事情的分量，看看是否適宜找對方幫忙，千萬不要沒輕重緩急。而且，動用人情的次數要盡量少，以免提早把人情存款用光，那樣你就會「情到用時方恨少」。

很多人是很容易忘記別人給的恩情的，因此就算對方曾欠你一些，你也不可抱著討人情的心態去要求對方幫忙。因為這

樣做，不僅可能引起對方的不快和反感，還可能讓這分人情至此結束。

當然，也有主動幫忙你的人，但切勿認為這是理所當然的。你若無適度的回饋，那也是一種對人情的「耗費」。要注重長線投資，俗話說：「路遙知馬力，日久見人心。」大多數的人情投資都需要較長的時間才能結出果實。畢竟，人與人之間的理解與信任需要一個過程。

> **人脈感悟**
>
> 現代社會講求的是實效，而要達到這個目的，就要借助一些外力，也就是人緣。你不僅要廣結善緣，還要養成「儲蓄」人情的習慣，為自己建立起零存整付的「人情帳戶」。

做出的承諾要及時兌現

傑克開了一個傢俱公司，因為自己周轉不開，向一位好友借了 30 萬美元，承諾一年內還清。一年過去了，傑克的公司由於收益不好，產品積壓，一時拿不出足夠的錢還朋友。傑克想盡各種辦法湊足了 20 萬，可是剩下的 10 萬怎麼也弄不到了。最後，傑克牙一咬，把自己價值 20 萬的房子以低價出售，然後和家人搬到租的一處小平房裡住。

不久，朋友打電話給傑克，說週末想到他家聚聚，可是一向好客的傑克竟然一口回絕了。朋友感到很納悶，到底是

為什麼？於是，週末開車去找傑克，但房子已經換了新主人。後來，經過多方打聽，才找到傑克的新家，朋友嚇壞了。當得知這一切都是為了還自己錢時，他感動不已，並誠懇地說：「傑克，你這麼講信用，以後有什麼困難儘管找我。」

這件事很快被朋友傳開了，傑克在朋友圈裡以誠信出了名。

又過了兩年，因為一次意外事故，傑克的生意又陷入了危機。就在他快支撐不下去的時候，很多朋友都主動伸出援助之手，幫他借貸，借錢給他。在朋友們的幫助下，傑克很快度過了危機，生意越做越好。

一諾千金，講的是許下的諾言一定要兌現。遵守諾言是中華民族的傳統美德，也是一個人的高尚情操。在人與人交往中，人們通常會把信用、信義看得非常重要。孔子曾說：「人而無信，不知其可也。」意思是，一個人不講信用，就不知道他能做什麼了。換句話說，一個人不講信用，就不會有什麼成就。

王浩存了一筆錢要等到結婚時用，不料他的朋友張劍來向他借錢，並保證一定在他結婚前歸還。由於平時交往密切，關係一直不錯，王浩便痛快地借給他。可是，婚期就要到了，張劍還沒有還錢。無奈之下，王浩只得上門催還，最後弄得不歡而散。從此，王浩和張劍不再往來，友誼也結束了。後來，很多朋友知道張劍借錢不還之後，也不和他來往了。

人與人之間如果不能做到彼此信任，那就不能成為互助互利的朋友。一個人如果不斷地說話不算話，就會讓每個朋友逐

漸離他而去，且在他需要幫助時再也沒人伸出援助之手了。

講信用、守信義，是為人處世的根本。它既展現了對人的尊敬，也表現了對自己的尊重。重信重諾的人總會贏得人心。

信用是贏得他人信任的基礎。在與人交往中，只有說到做到，才能不斷提高自己的信用度。如果你言而無信，只會失去信任，斷送友誼。信守承諾是一種美德，會吸引周圍的人跟隨你，對你產生信任。因此，大家若要不斷充實自己的人脈資源，就要說到做到。一個不守信用的人，永遠也交不到真正的朋友。誰會願意和一個說話不算話，出爾反爾的人一起相處呢？

現在一些年輕人認為：一個人的誠信是建立在金錢的基礎上的；一個人有錢、有雄厚的資本，就代表有誠信。這種想法是極端錯誤的。一個人是否講誠信不取決於他的財富，而取決於他對別人是否有一顆誠實守信的心。

不管在何時，人與人之間都要彼此溝通，彼此尋求寄託和撫慰。在彼此接納、相互信任中，最重要的就是真誠守信。

人脈感悟

對朋友的承諾，一定要履行，否則只會在朋友圈中喪失信任，使本來的好朋友都離你而去。在與人交往中，要切記認真履行每次承諾，絕不可疏忽大意，因小失大。

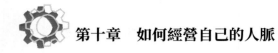

避免讓他人受到傷害

　　奇異公司面臨一項需要慎重處理的工作：免除 C 某擔任的部門主管職務。C 某在電器方面有過人的天分，但讓他擔任電腦部門的主管卻是徹底的失敗。不過，公司卻不敢冒犯他，因為公司的研發真的少不了他，而他又十分敏感。

　　為了處理這個棘手的問題，傑克把 C 某叫到辦公室，對他說：「現在有一個奇異公司顧問工程師的職務，由你來擔任如何？我暫時還找不到合適的人擔任這個職務。」

　　C 某一聽，十分高興地回答：「沒問題，只要是公司決定的，我都樂意接受。」對這一調動，他十分滿意，雖然工作還和以前一樣，只是換了一個新頭銜，並讓其他人擔任電腦部門主管。傑克對此感到很高興。他溫和地調動了這位最暴躁的「大牌明星」職員的工作，而且他的作法並沒有引起一場大風暴，因為他讓 C 某保住了面子。

　　避免讓他人受到傷害，保住他人的面子，在日常工作中是一項極為重要的原則。但是，卻很少有人能想到這一點。在處理具體事情時，不少人往往自以為是地抹殺他人的建議，或者經常在其他人面前批評犯錯的員工，卻從來不顧及他們的感受以及此舉是否會傷到他們的自尊。與此相反，如果你能冷靜下來，哪怕是短時間的思考，說一兩句體諒對方的話，都可以減少對別人的傷害。

　　和諧人際關係的建立基礎就是彼此之間互不傷害，這就是

要求大家在與別人相處時，要學會尊重對方，盡量減少對他的傷害。如果一個人一開始就謙虛地承認自己可能會犯錯，並且不是一個沒有缺點的人，那麼在這之後，即便他犯了錯，陳述自己的過失，大家都不會認為他是在為自己辯解，而乾脆拒絕與他談話了。

人們往往能夠輕易地原諒那些勇於承認錯誤的人。因為，他已經意識到錯誤了，這種行為足以改變周圍人對他的看法。

有誰會在生活中不顧自己的顏面呢？一兩句體諒的話，對他人表示寬容的態度，都可以減少對他人的傷害，從而保住他人的面子。即使明明真理已經掌握在手裡，且對方絕對是錯誤的，我們也會因讓對方失去面子而傷害到他，甚至毀了他的自我。

面對一個好工人變成一個消極怠惰的工人時，你會怎麼做？解僱他，並不能解決任何問題；責罵他，只會引起怨懟。因為，做錯事的人一般只會責怪他人，而不會責怪自己。一般情況下，人都希望別人能遵照自己的意願工作，但要讓別人樂意照著你的意願去做，你就必須讓他明白，他對你有多麼重要。只有這樣，他才會覺得這件事對他也有那麼重要。

當很想批評別人時，我們要明白，批評就像家鴿，牠們總會回來的。我們準備糾正和指責的人，可能會為自己辯護，反過來譴責我們。因此，我們不要責怪別人，而要試著了解他們，明白他們為什麼會那樣做。這比批評更有益處，也更有意義得多，而且還孕育了同情、容忍以及仁慈。

當人們在遭受不公平的傷害後，通常的反應會是怨恨。怨恨不論以何種形式表現出來，都是種極易滋長的不良情緒，容易使怨恨者鬱鬱寡歡。因此，採用寬恕的態度，有助於我們從怨恨的情緒中擺脫出來。

當我們選擇原諒對方的錯誤時，他會感到更多地悔恨，同時類似行為再次發生的可能性也會降低。選擇原諒與寬容並不容易，但這卻是減少未來再次受到傷害的最佳方式。

避免讓他人受到傷害，大家可以從以下五個方面做起：

- **直言不諱**：當面對傷害你的人時，要把話說清楚。一般來說，人受到傷害後，常常會暗中恨對方而不願公開表示出來，這樣不好，於人於己都不利。你應該面對已經發生的事實，當面向對方指出。
- **體察事由**：仔細地體察事件的緣由，只對不平之事表示氣憤。同時，原諒做錯事的人，因為有時他也可能是迫不得已。
- **既往不咎**：如果你並非一開始就寬恕傷害自己的人，那麼隨著時間的推移，事過境遷，你可以不再計較自己所受的委屈，而原諒對方。這將表明你的人生態度是堅強的，心理狀態是健康的。
- **長期努力**：寬恕別人需要你長時間的努力。因為，恨是一種習慣，像其他習慣一樣，不是輕易戒除得了的。習慣越是根深蒂固，要戒除它就越要長時間的努力，但慢慢地總會水到渠成。

- **愛的力量**：多數人認為，怨恨和報復不會抵消對方已做的錯事，反而會使受害者和加害者雙方間的報復逐步升級。只有寬恕才能打開和解的大門，只有性格堅強的人才能寬恕別人。寬恕別人要有勇氣，也要有愛的精神。因為，愛才是藏在寬恕後面的真正動力。

> **人脈感悟**
>
> 成功學大師卡內基說過：「要改變一個人又不至於傷害他的感情或引起他的憎恨，就要遵守這樣的規則：在批評別人之前，先改正你自己的錯誤。用建議而不用命令，不但能維護對方的自尊，且能使他樂於改正錯誤，並與你合作。」

盡量不帶給他人麻煩

　　王鵬在老家聽說臺北的發展機會很多，便把眼前的工作一辭，來到臺北發展。他在臺北有一些朋友。他想，如果自己有難處就可以找這些人幫忙。

　　王鵬剛來臺北遇到的第一件麻煩事就是住宿問題。他找了幾家旅館，價錢都非常貴，而且條件也不太好，因此王鵬打電話給一位朋友尋求幫助。那位朋友說：「你不用找了，來我家住吧！我家雖然空間不大，但還是可以將就一下。」於是，王鵬來到那位朋友家裡，發現他家的確滿小的，而且還有其他人一起住，他這樣會給人家帶來不少麻煩。王鵬覺

得這樣不行，就不顧朋友的挽留到旅館住了一宿。

　　朋友見王鵬住在旅館裡太貴，就聯繫一家條件比較好的出租房，且房租也很便宜。於是，王鵬在臺北找到了一個合適的住處，安頓了下來。然後，他開始四處求職。

　　王鵬知道他很多朋友都在大公司裡就職。如果他要請朋友幫他安排一個工作，也是可以做到的，但他還是決定不這麼做，因為可能會給別人帶來很大麻煩。於是，他先參加很多招聘會，並翻看很多報紙上的招聘廣告。後來，他發現一家非常好的企業，條件十分合適，而且他的一個朋友也在那裡當主管，因此他決定到那家公司去看看。經過一番面試，主考官認為王鵬很適合他們公司，就正式聘用他了。

　　王鵬一到職就打電話給他朋友。朋友頗感意外，對他說：「你怎麼不早說呢？如果你跟我說了，就不用經過這些麻煩的面試了。」王鵬卻說：「沒關係，反正面試也花不了多少時間。」朋友覺得王鵬剛到公司，可能事情會比較多，便對他說：「你以後有事就跟我說。我可以幫你解決。」王鵬連忙稱謝。

　　然而，王鵬並沒有請求朋友什麼事，只是時不時地和朋友聚一聚，聊一聊工作上的事情。他憑藉自己的能力，很快成為銷售部的骨幹之一。公司老闆對王鵬的能力十分看好，決定幫他升遷，但是因為王鵬到職時間還短，所以一直猶豫。有一次，老闆和王鵬的一位朋友談到王鵬的事。這位朋友就對老闆說：「王鵬本來在公司裡也是做銷售主管，而且做的很不錯。我們就是在那個時候認識的。這個人很有能

力，什麼工作都能勝任。相信您將他升遷以後，他會為公司創造更大的價值。」於是，老闆幫王鵬升職了。

在與人相處時，我們不要給他人帶來麻煩。其實，工作上大部分的事情，我們是可以自己處理好的。遇到關鍵困難時，我們才去尋求幫助。如果自己什麼事都不做，只等別人來幫助，那麼只會給別人添麻煩，從而失去很多朋友。

朋友之間互相幫忙是很正常的。我們交朋友、擴展人脈就是為了能對自己的事業有所幫助。但是，我們要注意一點，就是不要總是給他人製造麻煩。

在職場上有句話說得非常準確，「用一個人的100％，不如用一百個人的1％。」你用了一百個人的1％，都是舉手之勞的小事，因此對方不會太介意，下次再請求什麼事情也不會困難。如果你用了一個人的100％，那麼你就耗盡與這個人之間的所有人情。當下次再有什麼事想求他時，你就不好意思開口了。

事實上，人越往高處走，就越能發現朋友之間的幫助都是很簡單的。然而，就是這樣簡單的事，卻能帶給我們的事業巨大改變。

當朋友們小聚在一起閒談、吃飯的時候，看似大家都沒有刻意幫助誰，但是每個人都能從這樣的閒談中獲益不少，因為每人的談話都透著一個行業最真實的資訊。在這樣的場合中，你能不花一分錢就得到最新、最真實的情報，這是一筆無形的

財富。然而，你獲得這樣的財富並不用感到愧疚，因為這是別人無形之中贈予你的。

　　朋友之間的互相幫忙也要如此，既不給對方帶來麻煩，又能使彼此獲得豐富的資源。這才是我們發展人脈的真正目的所在，也是人脈關係得以維持長久的保障。

> **人脈感悟**
>
> 不要總是給他人製造麻煩。如果別人的幫助是舉手之勞，而且你們的關係已非常牢固，那就可以請他幫忙。如果你的要求是對方難以達成的，或會嚴重影響對方的工作或生活，那就應該換其他方式解決，否則，人情會出現嚴重透支，你們的關係也將出現裂痕。

不要人走了茶就涼

　　夏南在一家醫藥企業做業務員，每天出去跑全市的各家醫院推銷藥品。他的一位朋友在市中醫院做護士，介紹他去找臨床主任。夏南決定第二天去醫院拜訪他。

　　第二天，剛走到醫院門口，夏南就遇到那位朋友。朋友攔住他說：「你不要去拜訪那個人了。他現在已經被免職。臨床主任已經換別人了。」

　　原來的臨床主任是全市有名的專家，只是個性狂傲暴躁，有點恃才傲物。據說，兩個月前和院長大吵一架，被免

職也是早晚的事。

可是，夏南不願做落井下石的事情。他覺得拜訪新主任是遲早的事，下臺的那位如果現在不去拜訪，以後見面就會顯得尷尬。於是，他問清楚新舊兩位主任的辦公室位置後，決定還是帶著準備好的禮物，先去拜訪前主任。

那位臨床主任正在閉門思過，夏南的到來讓他感到很驚訝。等夏南說明來意後，他態度生硬地說以後不要找他了，他不是主任了，有事去找新主任。夏南把禮物放在桌子上說：「新主任我以後會去拜訪。不過，這也不妨礙我拜訪您啊！」

這位主任態度還是不好：「我幫不了你的，去找新主任吧！」說完後告訴夏南新主任的門牌號碼。夏南見無話可說，也就識相地表示：「那您先忙吧，我下次再來拜訪您。」主任自言自語道：「還忙什麼呀，又不是主任了，沒什麼可忙的了。」

夏南也不知道哪來的勇氣，轉身說：「您怎麼這麼想呢？不當主任了，您也是專家啊，可以繼續做學問啊！要是都像您這樣想，那我們大學畢業不能從事專業的人，豈不是都活不下去了？」

主任一愣，從沒人敢這樣跟自己說話，尤其是一個普通的業務員，竟敢用這樣的語氣和自己說話。

夏南也發覺失禮了，趕緊變換語氣說：「您一定聽過李白〈將進酒〉裡的『天生我才必有用，千金散盡還復來』的詩句吧，何等的豪邁。很多時候，環境是無法改變的，但

我們可以用積極的態度去面對，只要自己付出努力了，即使沒有成功也不後悔。」

夏南憑著一股初生之犢不畏虎的幹勁，對這位前主任進行勸導，話說得好像很重，但也發揮了作用。沒過半年，前主任官復原職，而夏南的業績大家可想而知了。

沒有人的一生是一帆風順的，總會遭遇挫折和磨難。但只要機會一來，便會一鳴驚人。在人落難的時候，你要多多幫助，使其度過難關。就如冷廟多燒香，等你有了困難，就會得到貴人的幫忙。

「平時不燒香，臨時抱佛腳。」這句話一般用來形容那些急功近利的人。

在現實社會中，有一些趨炎附勢之輩，只看到熱廟的紅火，卻看不見冷廟的機會。殊不知風水輪流轉，冷廟也會變成熱廟。在冷廟多燒香，菩薩也會照顧你。

有的人能力雖然平庸，然而風雲際會，也可能成為了不起的人物。在人際來往中，如果你的際遇地位和他差不多，來往容易，也無所謂得失；如果你的際遇不如他，來往多時，便有趨炎附勢之感。即使你極力巴結，在對方看來也不過是看上他的權勢，感情不僅不會增進反而會引起反感。

只有在對方處於逆境時，友情才會顯得真摯。如果你認為對方是一個可以結交的人物，就應該及時接納，多多親近，或以良言相勸，或以實力相助。有時，對方亟需幫助卻不肯明

言。你知此情形，應採取主動，盡力幫忙，並且不能有絲毫得意之狀，讓他受之有愧。寸金之恩，必使他牢記於心。日後，如果你有什麼需求，他必然全力相報，即使不能幫助，心裡也不會忘記你的恩惠。

人脈感悟

你平常沒有燒香的習慣，有事情才想菩薩，菩薩再靈也不會幫你的。要學會平時燒香，更要懂得冷廟燒香，而不要以為只有熱廟的菩薩才靈驗。熱廟燒香的人太多了，菩薩都忙不過來；而冷廟只是暫時的冷，裡面的菩薩也知道誰是最虔誠的。

實現雙贏，共同進步

一位農民從外地買回一種高產小麥的種子，種植後產量大增。這時，農民喜出望外，因為他成為當地人眼中的種田高手。但是，他馬上又憂心忡忡起來，害怕別人偷取他的小麥種子，而失去別人的讚美之詞。於是，他想方設法保密，拒絕其他農民兌換小麥種子的請求。一個人享受著豐收帶來的喜悅。

然而，好景不長。到了第二年，他發現他的小麥產量降低了，變得跟普通小麥的種子一樣。又過了兩年，他的小麥種子連普通小麥種子都不如了。產量不僅降低了，而且病蟲害十分嚴重，讓他損失很大。

他開始以為別人嫉妒他，在他的麥田裡搞鬼。後來，經過專家解釋，他才明白是因為在他的麥田周圍都是普通的小麥。透過花粉的傳播，良種發生了變異，品質當然下降。農民明白了，就又買來高產小麥的種子分給其他村民。第二年，整個村子都獲得大豐收。

　　隨著社會的發展和人類的進步，人們的思維能力、思維方式發生了很大的變化。在經濟領域，人們不再固守成王敗寇這一傳統思維模式，而是慢慢地尋找一種「互惠互利」的合作模式，也就是一般所說的「雙贏」。

　　對客戶與企業來說，應該是客戶先贏，企業後贏；對員工和企業來說，應該是員工先贏，企業後贏。

　　在創業的過程中，很多企業家都會犯同樣的錯誤，因為害怕別人分享自己的成果，處處提防保守，以致陷於孤立的境地，最後只能眼睜睜地看著自己的成果被市場淘汰，甚至蒙受巨大損失。

　　美國蘋果公司是個典型的例子。當蘋果公司研究出 MAC 作業系統，並成功運用於電腦上的時候，它希望能夠占領包括軟、硬體在內的整個市場，因此決定不向其他電腦廠商出售其 MAC 作業系統，因而犯下了一個無可挽回的錯誤，導致很多廠商都棄用蘋果公司的產品，使公司陷入絕境。

　　與之相反，微軟公司採取雙贏的策略對待對手。它認為許可更多的廠商使用自己的 Windows 作業系統，自己的業務就

會越好。比如，微軟公司主要是研究電腦軟體，英特爾公司的技術是電腦晶片。微軟公司沒有把英特爾公司看成是對手，而視之為合作夥伴，與之分享成功。結果實現了雙贏，英特爾公司發展速度越快，微軟公司的電腦軟體就越有用；同樣的，微軟公司的電腦軟體發展得越好、越先進，英特爾公司的電腦晶片越有用武之地。懂得雙贏，才能得到別人的認可和尊重，也才能讓自己的事業走向成功。

雙贏思維，要求處理事務要互惠互利，前提是成功不能以損害他人利益為代價。要計較的不是個人利益，而是雙方都更好。

鐘軍是一家電腦軟體公司的總裁。他把新開發的一套電腦軟體賣給一家銀行。但是，一個月後，那家銀行換了行長。新行長說：「我手上有很多事情要處理，對這個新軟體也有一點疑惑。這個合約我們無法繼續履行。」

鐘軍很需要這筆生意，因為關係到公司的生存問題，也完全有可能依法要求對方繼續履行合約。他知道，如果打官司，銀行是會輸的，但這不是雙贏的局面。於是，他同意撤銷合約，退還定金，告訴新行長：「如果你們將來需要其他電腦軟體，可以來找我。」說罷，鐘軍便退還了銀行的 10 萬元合約款項。

半年後，那位新行長打電話對鐘軍說：「我們需要資料庫處理系統。」就這樣，新行長和鐘軍簽了價值 20 萬元的新合約。

懂得雙贏思維的人是有遠見的。在現實社會中，只要學會雙贏，就能得到更多的人脈。懂得給對方讓利的人，自然會獲得更大的成功。

人脈感悟

雙贏強調的是雙方的利益兼顧，即所謂的「贏者不全贏，輸者不全輸。」雙贏思維是種基於互相尊重、尋求互惠的意願。很多時候，只有互惠才能讓自己成功。

人情不能亂用

【人脈案例】

在醫院工作的劉女士，因孩子轉學一事請求過教委的一個老同學，且事後也送了不少禮物，不過對方沒接受。但是，在接下來的幾年內，那位同學多次帶著親朋好友，到醫院找劉女士幫忙。有些事很難處理，比如嬰兒性別鑑定，高價病房算低價等，著實給劉女士出了不少難題。

還了人情的劉女士，後來就想辦法漸漸疏遠這位同學。再後來，劉女士對那個老同學索性斷絕來往。

人情是一種財富，而人際關係最基本的目的和技巧就是結交人情。人情像銀行存款一樣，存入越多，你領出來的也就越多；存入的越少，你領出來的也就越少。

情誼是最關鍵的，有了情誼才能左右逢源。今天你給別人方便，明天別人就給你方便。要盡量設身處地為別人著想，站在對方的立場看問題。能為別人做的事就要幫助別人，或許哪天你就會有求於他。如果讓別人覺得你會做事，那麼你求別人做事自然會很容易。有時，甚至不用自己開口。只有人際關係處理好了，才好辦事，才能辦成事。

小周在一家雜誌社工作，新接手編了一份雜誌。由於雜誌的財源並不豐裕，不僅編寫人手少，稿費也不高。小周不願意因為稿費不高而降低雜誌的水準。於是，小周開始運用人情向一些作者邀稿。這些作者和小周都有點交情。其中一位作者在寫了數篇後，坦白地對他說：「我是以朋友的立場寫稿，但你這樣做是在透支人情。」

依靠人情辦事是有一定限度的，透支了反而會令人尷尬。同樣的，人情儲蓄也不能即存即取。如果你急於在這筆人情債中得到回報，就犯了為人處世中的大忌。你就會在找這筆後帳中，既丟掉了人情，丟掉了面子，也丟掉了做人的本分和進退的分寸。在日常生活中，很多人都是這樣，幫助了別人，就覺得有恩於人。於是，心裡有一種優越感，高高在上。這種態度是很危險的，常常會引發負面的影響。幫助別人，卻沒有增加自己的人情資源。這是因為驕傲的態度把這分資源抵消了。

人情一旦透支，你與朋友之間的感情就會轉淡，甚至朋友會對你避之唯恐不及，而且有可能情分就此斷絕。

另外，就算對方欠你一些人情，你也不可抱著討人情的心態去要求對方幫忙。因為，這有可能引起對方的不快和反感。對一些斤斤計較的人，要特別注意，你們縱然交情再深，也不可輕易找他幫忙，否則這個人情就會像在地下錢莊借錢一樣，讓你吃不消。

　　如果你動輒就求人幫忙，那麼隨著時間的推移，你就會慢慢變成一個不受歡迎的人。當然，也有主動幫你忙的人，但切勿認為這是天上掉下來的禮物。你若不適度回饋，也是一種透支，而透支是需要付出代價的。

人脈感悟

當你有別人的人情在手時，不要一味地亂用。好鋼要用在刀口上。除非形勢所迫，不要亂動用這些人情資源，不然就會適得其反。至關重要的朋友要在關鍵時再用。世上最珍貴的莫過於，能讓你得到保護的情誼和朋友。因此，要善用這些人情資源，不要讓它透支。

人情不能亂用

電子書購買

國家圖書館出版品預行編目資料

人脈堪比腦袋，荒廢就會 DIE：完美溝通、圓
融處事、妙用人情，學會高投報的交際術，讓
全世界都來幫你鋪路！/ 蔡賢隆，布德編著 . --
第一版 . -- 臺北市：財經錢線文化事業有限公
司 , 2022.11
　　面； 公分
POD 版
ISBN 978-957-680-529-5(平裝)
1.CST: 人際關係 2.CST: 成功法
177.3　　111016653

人脈堪比腦袋，荒廢就會 DIE：完美溝通、圓融處事、妙用人情，學會高投報的交際術，讓全世界都來幫你鋪路！

臉書

編　　著：蔡賢隆，布德
發 行 人：黃振庭
出 版 者：財經錢線文化事業有限公司
發 行 者：財經錢線文化事業有限公司
E - m a i l：sonbookservice@gmail.com
粉 絲 頁：https://www.facebook.com/sonbookss/
網　　址：https://sonbook.net/
地　　址：台北市中正區重慶南路一段六十一號八樓 815 室
Rm. 815, 8F., No.61, Sec. 1, Chongqing S. Rd., Zhongzheng Dist., Taipei City 100,
Taiwan
電　　話：(02) 2370-3310　　傳　　真：(02) 2388-1990
印　　刷：京峯彩色印刷有限公司（京峰數位）
律師顧問：廣華律師事務所 張珮琦律師

定　　價：375 元
發行日期：2022 年 11 月第一版
◎本書以 POD 印製

獨家贈品

親愛的讀者歡迎您選購到您喜愛的書，為了感謝您，我們提供了一份禮品，爽讀 app 的電子書無償使用三個月，近萬本書免費提供您享受閱讀的樂趣。

ios 系統　　　　　　安卓系統　　　　　　讀者贈品

請先依照自己的手機型號掃描安裝 APP 註冊，再掃描「讀者贈品」，複製優惠碼至 APP 內兌換

優惠碼（兌換期限 2025/12/30）
READERKUTRA86NWK

爽讀 APP

- 📖 多元書種、萬卷書籍，電子書飽讀服務引領閱讀新浪潮！
- 🎧 AI 語音助您閱讀，萬本好書任您挑選
- 🔍 領取限時優惠碼，三個月沉浸在書海中
- 🔔 固定月費無限暢讀，輕鬆打造專屬閱讀時光

不用留下個人資料，只需行動電話認證，不會有任何騷擾或詐騙電話。